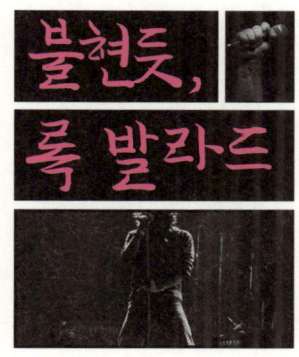

불현듯,
록 발라드

김성대·이경준·정진영 지음

차례

Chapter 1

1989~1994: 록 발라드의 문을 두드리다

깊은 밤, 낭만과 감성이 시작되던 시절

Chapter 2

1995~1999:
록의
전성시대

비로소 터진 감정,
모든 것이 노래가 되던 때

Chapter 3

2000~2009:

**끝나지 않는
이야기**

그 시절,
마음 한구석에
영원히 남은 멜로디

일러두기

1. 책에 소개된 51곡은 발매일 순이므로 저자들의 글은 비순차적으로 실렸습니다.

2. 음악 앨범은 ≪ ≫로, 노래는 < >로 표기했습니다.

3. 단행본, 신문, 잡지는 『 』로, 방송 프로그램, 영화는 「 」로 표기했습니다.

4. 표기법은 최대한 통일하였으나 저자마다 약간의 다름이 있음을 양해 바랍니다.

록 발라드를

사랑했던

당신에게

Chapter

1989~1994:

록 발라드의
문을 두드리다

깊은 밤, 낭만과 감성이 시작되던 시절

이 노래는
'한국적인' 록 발라드다

학창 시절 내 음악 취향은 청개구리였다. 남들이 좋아하는 음악은 그냥 싫었다. 그렇다고 딱히 반항적인 성격은 아니었다. 공부를 대단히 잘하는 모범생은 아니었지만, 사고를 쳐서 부모님의 속을 썩이는 문제도 아니었다. 악마는 악마인데 약한 악마라고나 할까. 어느 날 반에서 갑자기 사라져도 아쉬워할 친구도 없을 만큼 존재감이 희미한 '찐따'가 나였다. 그런 내가 존재감을 드러내려고 선택한 방법은 남들이 듣는 음악과 다른 음악을 찾아 듣기였다. 내가 학창 시절에 헤비메탈에 빠져들었던 이유는 이렇게 유치했다.

악마는 악마를 알아보는 눈을 가지고 있나 보다. 쉬는 시간이나 야간 자습 시간이 오면 마치 간첩이 접선이라도 하듯 은밀하게 약한 악마들이 한곳에 모였다. 그 안에서도 약한 악마들은 서로 우열을 가리느라 바빴다. 더 강하고 잘 알려지지 않은 음악을 들어야 잘난 척할 수 있었다. 덕분에 나는 스래시 메탈, 블랙 메탈, 고딕 메탈 등 헤비메탈의 다양한 하부 장르 음악을 섭렵할 수 있었지만 다른 악

마들보다 우월해질 순 없었다. 듣는 음악에서마저 'Another One'이 되고 싶진 않았다. 'Only One'을 갈망하며 새로운 음악을 찾던 나는 하굣길에서 한 헤비메탈 밴드의 공연 포스터를 목격했다. 밴드 블랙홀의 대전 공연을 알리는 포스터였다.

약한 악마들 사이에서 가요는 음악을 모르는 하수나 듣는 하찮은 음악 취급을 받았다. 한국 록과 헤비메탈이 받는 취급 역시 크게 다르지 않았다. 크래쉬나 넥스트 정도만 겨우 들을 만하다고 평가할 뿐, 나머지 밴드의 음악은 논외의 대상이었다. 그런데 악마 중에 한국 헤비메탈 밴드의 앨범을 제대로 들어본 녀석은 하나도 없었다. 다들 모르고 욕을 쏟아냈다. 나는 제대로 한국 헤비메탈을 파고들어 사대주의에 찌든 다른 악마들에게 한 방 먹이고 싶었다. 나는 당시 새 앨범 《City Life Story》를 내고 전국 투어를 다니고 있던 블랙홀을 제대로 파보겠다고 결심한 후 서대전 교보문고 빌딩 지하에 있던 음반 매장으로 향했다.

음반 매장에 도착한 나는 난감했다. 블랙홀은 새 앨범을 포함해 이미 다섯 장의 정규 앨범을 낸 베테랑이었고, 내 지갑에는 단 한 장의 테이프를 살 돈밖에 없었다. 지금도 버리지 못한 강박인데, 나는 한 밴드에 관심이 생기면 데뷔 앨범부터 최근작까지 무조건 차례대로 듣는다. 다른 악마들이 특정 밴드의 대표 앨범만 듣고 모든 걸 아는 척하는 모습이 꼴불견으로 보였기 때문이다. 그들을 말로 이길 방법은 그들보다 더 많이 듣기였다. 내 선택은 블랙홀이 1989년에 발표한 데뷔 앨범 《Miracle》이었다. 앨범 재킷이 《City Life Story》와 비교하면 지나치게 촌스러웠지만, 끝내 강박을 이기지 못했다.

나는 집으로 돌아오는 버스 안에서 앨범의 포장을 뜯고 테이프를 워크맨에 집어넣었다. 재생 버튼을 누르자 첫 트랙이 흘러나왔다. 키보드 패드 연주 위로 흐르는 구슬픈 기타 솔로, 살짝 뽕끼가 흐르는 서정적인 멜로디, 비음이 섞인 고음이 돋보이는 깔끔한 보컬. 녹음 상태가 좋지 않고 음악도 촌스러웠는데 이상하게 좋았다. 나와 〈깊은 밤의 서정곡〉의 첫 만남이었다. 이 노래는 '한국' 록 발라드임과 동시에 '한국적인' 록 발라드라는 점에서 내게 신선한 충격을 줬다.

〈깊은 밤의 서정곡〉으로 블랙홀에 마음이 열리자 데뷔 앨범의 나머지 트랙에도 마음이 열렸다. 얼마 지나지 않아 내 방에는 블랙홀의 모든 앨범이 모였다. 블랙홀은 다른 밴드와 달리 지방 공연을 많이 했기 때문에 고향에서 라이브를 자주 볼 수 있는 몇 안 되는 밴드였다. 나는 블랙홀 덕분에 라이브의 맛을 깨달을 수 있었다. 블랙홀의 음악은 내가 한국 록 음악에 더 깊은 애정을 가지게 된 계기가 됐고, 쉬는 날이면 대전 곳곳의 음반 가게를 돌아다니며 희귀 한국 록 음반을 찾는 일이 일상이 됐다. 이 시절의 경험은 먼 훗날 내가 음악 기자로 활동하면서 다른 기자보다 더 많이 아는 척하는 데 큰 도움이 됐다. 더불어 블랙홀을 인터뷰로 몇 차례 만나 멤버들로부터 직접 더 많은 뒷이야기를 듣는 행운까지도 누릴 수 있었다. '쩐따'가 '성덕'이 된 것이다.

당시 한국에서 록과 헤비메탈을 하는 밴드의 목표와 이상향은 해외 유명 밴드였다. 크래쉬가 주목을 받았던 가장 큰 이유는 해외 유명 밴드 수준의 앨범을 만들어냈기 때문이었다. '한국' 록과 헤비메탈에 있어서 '한국적인' 요소는 거세해야 할 약점이었다. 그런데 블랙홀은 오히려 당당하게 '한국적인' 요소를 강조했다. 다른 밴드들이 영어 가사로 앨범을 채울 때, 블랙홀은 공들여 다듬은 한글 가사를 고집했다. 다른 밴드들이 의도적으로 멜로디가 강조된 트랙을 피할 때, 블랙홀은 보란 듯이 앨범마다 록 발라드를 집어넣으며 팬층을 넓혔다. 그 결과 블랙홀은 대한민국에서 가장 오랫동안 꾸준히 활동하며 다른 밴드가 넘볼 수 없을 만큼 긴 경력을 가진 거장이 됐다. 이젠 '한국적인' 요소가 개성이자 강점인 세상이 됐다. 그 시작에 〈깊은 밤의 서정곡〉이 있었다. _정진영

블랙홀(Black Hole)
깊은 밤의 서정곡

발매일 1989. 02. 07
앨범명 Miracle
수록곡
1. 깊은 밤의 서정곡
2. 야간비행
3. 블랙홀 로큰롤
4. 아~이~야
5. 이상을 향하여
6. 노을
7. Rock It
8. 밀납인형
9. 겨울풀잎

노래 듣기

내 젊은 날의
휴식 같았던 친구

치솟는 일렉트릭 기타와 출렁이는 드럼이 만난 김민우의 〈휴식 같은 친구〉 도입부는 언뜻 신성우의 〈내일을 향해〉를 닮았다. 하지만 계속 달려 나가는 후자와 달리 김민우의 곡은 잠깐 앉아 내 얘기 좀 들어보라는 식으로 템포를 끌어내리며 차분한 2막을 연다. 하드하게 전개될 것 같았던 〈휴식 같은 친구〉가 부드러운 록 발라드가 되는 순간이다.

이 노래를 처음 들었을 때 '국민'학생이었던 나는 가사 내용을 다 이해할 수 없었다. 글자 그대로 해석한 사람들은 동성애의 가능성까지 슬그머니 제시하기도 했는데 하긴, 술을 마시고 남자가 남자 옆에 가 눕는 행위가 90년대 초를 살았던 사람들에겐 그렇게 여겨졌을 수도 있다. 하지만 밝혀진 대로 이 노래는 곡을 쓴 하광훈이 박주연의 가사를 빌려 '중소돌의 기적'이라 불린 피프티 피프티의 제작자 전홍준에게 바치는 곡이었다. 둘은 친한 초, 중학교 동창으로, 〈휴식 같은 친구〉는 그래서 남자가 남자에게 바치는 곡인 건 맞는 얘기였다.

과거 나에게도 그런 '휴식 같은 친구'가 있었다. 멜로디엔 반응했지만 가사에는 갸우뚱했던 초딩 시절이 아닌, 머리와 몸이 좀 더 자란 고등학교 때 만난 친구다. 편의상 'A'라고 하자. A는 팝과 가요에 퀸과 본 조비, 스콜피온스 같은 아주 약간의 록을 듣고 살던 나에게 '진짜' 록과 헤비메탈의 세계를 알려준 녀석이었다. 록은 너바나와 컬렉티브 솔(Collective Soul)로, 메탈은 앨리스 인 체인스와 메탈리카로. 오아시스와 블러를 가져와 브릿팝 세계를 열어 보여준 친구도 A였다. 그것들은 당시 나에겐 완전히 새로운 세계였던 만큼 더없이 매력적이었다. A에게 그들을 소개받은 이후 나와 A는 그 세계로 더 깊이 발을 들인 뒤 돈만 생기면 저들 계통의 앨범들을 사 함께 방에서 들으며 얕은 비평을 주고받곤 했다.

A와의 인연은 질겼다. 고등학교를 졸업하고서도 같은 대학, 같은 단과대에 진학한 걸로도 모자라, 록 음악을 좋아했던 같은 취향으로 그 학교 스쿨밴드에까지 함께 들어갔다. 처음엔 둘 다 드럼을 치고 싶어 했지만 베이스를 잡아준 A의 배려로 내가 스틱을 잡았다. 그렇게 1년을 학과 생활과 밴드 생활을 병행하며 보낸 뒤 내가 먼저 입대했다. 훈련소까지 함께 와준 A는 1년 뒤 군에 갔다. 우린 군대에서도 장문의 손 편지를 주고받으며 우정을 확인했다. 한 번에 빼곡하게 대여섯 장은 기본으로 보내던 A는 글과 글씨를 둘 다 잘 썼다. 군 제대와 학교 졸업이 눈 깜짝할 새 지나고 A와 나는 서울서 회사까지 함께 다니게 된다. 우리가 다닌 곳은 봉준호가 「괴물」을 찍은 여의도 강변 근처에 있던 회사로, 음반 판매와 음악 정보 제공을 함께 해 나갔다. A와 나는 그중 후자를 위해 음반 리뷰, 아티스트 바이오그래

피 작성 및 가끔 기획 기사도 쓰는 에디터로서 삶을 이어갔다.

하지만 매사 영원한 건 없는 법. 회사가 대표의 개인 사정으로 문을 닫게 되고 A와 나도 개인 사정으로 서울을 떠나 A는 고향으로 나는 일본으로 가게 됐다. 2011년 동일본 대지진에 몸서리를 치고 한국으로 돌아와 다시 만난 A는 가정을 이루고 있었다. 그 사이 우린 둘이서만 한 말을 제삼자에게 옮긴 A의 부주의로 한차례 절교를 겪었지만, 슬 레이어의 일본 공연 관람과 A가 나에게 선물한 오스카 와일드의 책을 계기로 오해를 풀고 다시 예전처럼 지냈다. 평소 내성적이고 즉흥적 인 A의 성격은 10대 때부터 종종 나를 혼란스럽게 만들곤 했는데, 우 리가 다시 만난 건 그래서 어딘가 살얼음판 비슷한 느낌을 주기도 했 다. 아니나 다를까, 둘 사이엔 다시 오해가 불거져 우린 돌이킬 수 없 는 관계의 종말을 한 번 더 맞고 지금은 소식조차 알 수 없는 사이가 됐다. 오해란 딴 게 아니라, 경기도 A네서 하루 묵을 약속이 다른 서 울 약속에 밀려 몇 시간 지체된 데서 비롯됐다. '우리가 지금 철없는 20대도 아니고, 약속을 그리 쉽게 생각하느냐.' 정도의 훈계조 문자를 그로부터 받았던 기억이 난다. 그걸로 모든 게 끝이었다. 그 뒤 내가 들은 A의 마지막 거처는 캐나다인데 지금도 거기 사는지는 모르겠다. 그렇게 A는 〈사랑일 뿐야〉로 「가요톱텐」 5주 연속 정상에 오른 뒤 군대 에 간 김민우처럼 한국과 나를 떠났다. 그런 A를 생각하며 오랜만에 〈 휴식 같은 친구〉를 들었다. 이 노래의 백미는 역시 A 덕분에 입문한 미트 로프의 〈I'd Do Anything for Love (But I Won't Do That)〉을 방불 케 하는 중반부의 극적 전환이다. 빨라지는 템포, 중창에 가까운 후 렴, 그 후렴을 찢는 김민우의 샤우팅, 도입부 이후 잠자코 있다 다시 솟아오르는 일렉트릭 기타 솔로. 하지만 김민우의 가수 인생은 두근거리는 이 곡과 정반대 길을 걸었다. 〈입영열차 안에서〉까지 더해 데뷔 앨범에서만 세 곡을 크게 히트 시켰지만 정작 자신은 그 입영열차를 타고 대중과 너무 멀리 떨어진 곳에서 자신의 영광을 남 일처럼 지켜봐야 했다. 제대 후 가요계에 복귀했더니 서태지와 아이들이 있었고, 녹음실을 따로 차렸더니 함께 살던 세입자 집에서 가스 폭발이 일어났다. 잘나가는 남들과 달리 앨범을 낼수록 힘들어져 업소 공연을 뛰었건만, 그를 기다린 건 IMF 사태였다. 심지어 경제적 어려움이 극에 달했을 땐 친구 결혼식장까지 걸어갔다고도 한다. 이후에도 아버지의 작고, 아내의 운명(殞命)이 차례로 그를 덮쳤다. 이 정도면 인생판 머피의 법칙이었다. 그래도, 그 많은 고난과 아픔에도 이런 불멸의 곡을 남긴 것으로 김민우의 존재는 빛을 발했다. 우리 기뻤던 젊은 날, A와 내가 서로 곁에 있는 것만으로도 빛이 되었듯. —김성대

김민우

휴식 같은 친구

발매일 1990. 02. 10
앨범명 Kim, Minwoo
수록곡
1. 사랑일뿐야
2. 입영열차 안에서
3. 가르쳐줄 수 없겠니
4. 하나가 되기까지
5. 휴식 같은 친구
6. 다시 얘기를 해줘
7. 나의 어머니
8. 부탁해
9. 헤어지는 연인들을 위한 노래

노래 듣기

고음 록 발라드의
대명사

'B612'라 쓰고 '비육일이'로 읽는다. 90년대 록 발라드계를 대표하는 〈나만의 그대 모습〉을 남긴 원 히트 원더 밴드의 이름이다. 물론 누군가에겐 좋아하는 사람이 네 시에 온다면 세 시부터 행복해지기 시작하리란 사실을 알게 해 준, 또 가장 소중한 건 눈에 보이지 않는다는 깨달음을 안겨 준 생텍쥐페리의 소설 속 '어린 왕자의 소행성'으로도 친숙할 명사겠다. 많은 이들이 애용하던 유명 셀카 앱 역시 그 비육일이를 브랜드 네임으로 썼다. 비육일이의 정체는 현란하다.

〈가시〉에서 다시 언급하겠지만 이 곡은 내가 드럼을 쳤던 직장인 밴드 토마주르에서 합주한 적이 있다. 〈가시〉를 생선 가시 바르듯 말끔하게 불렀던 보컬 D는 이 노래도 컨디션이 허락할 경우 가볍게 요리해 버리곤 했다. 고음을 좋아하고 고음에 탁월했던 D가 합주실에서 내지른 노래의 질감은 밀젠코 마티예비치가 전성기 때 부른 〈She's Gone〉의 폭풍 같던 가창력도 부럽지 않은 것이었다. 사실 〈나만의 그대 모습〉은 내 짝인 B가 객원으로 키보드를 잠깐 맡은 적이

있어 나에겐 더 특별하다. 어릴 때 배운 피아노 실력을 뽐낼 수 있는
기회를 잡은 B는 레이디 가가의 〈Always Remember Us This Way〉와
마룬파이브의 〈Won't Go Home Without You〉를 더해 도합 세 곡을,
아주 잠깐이었지만 우리와 함께 했다. 오랜만에 건반 앞에 앉은 상
황이 어색했는지 계속 희고 검은 직사각형 조각들에만 시선을 고정
하면서도 B의 연주는 훌륭하게 우리의 합주에 스며들었다. 특히 수
미상관 형식인 〈나만의 그대 모습〉 도입부와 마감에서 보컬과 호흡
을 맞춰야 하는 부분도 B는 너끈히 쳐 냈다. 비욘일이의 히트 발라
드는 음악이 개입한 B와 나의 특별한 추억으로 여태껏 남아 있다.

〈나만의 그대 모습〉의 백미는 작사와 작곡(리듬 기타를 맡은 남지
우가 함께 썼다), 노래까지 1인 3역을 소화한 서영철(이후 서준서로
이름을 바꾼다)이 마지막 후렴에서 터뜨린 무기교, 무한계의 서릿발
같은 창법이다. 티삼스의 김화수 이후 가장 비릿하게 끓어오른, 흡사
아마추어리즘의 진지한 반란으로까지 느껴진 그 전대미문의 진성
샤우팅은 인터넷도 휴대폰도 없던 시절을 웅변하듯, 화려한 테크닉
을 배제한 덕분에 순수한 진심을 담보할 수 있었다. 조금 과장해 90
년대 한국 록 발라드 곡들의 90퍼센트가 선택한 '떠난 널 잊지 못한
나'라는 주제가 설정을 넘어, 그 일을 직접 겪은 사람들의 가슴까지
미어지게 만들 수 있었던 이유가 바로 그 '독특하게 높았던' 서준서
의 절창에 있었다. 내 이야기 같은 영화와 노래가 사람의 마음을 뒤
흔든다는 사실이 언제나 진실은 아닐지언정, 일말의 진리일 수 있다
는 걸 이 노래는 들려준다.

마음만 먹으면 웬만한 과거 영상은 죄다 찾아볼 수 있는 유튜브

의 시대. 우린 은색 점퍼에 어린 왕자를 닮은 부푼 헤어스타일과 앳된 외모를 갖춘 서준서도 어렵지 않게 그곳에서 만나볼 수 있다. 기타리스트, 베이시스트와 '깔맞춤'한 흰 바지엔 까만색 'B612'를 힘차게 새겨 놓았다. 비록 라이브는 아니지만 90년대 초, 아직 식지 않은 80년대 헤비메탈의 전운과 아직 등장하지 않은 서태지와 아이들이라는 폭풍 전야가 공존하던 시절 젊음, 열정, 실력을 겸비해 무서울게 없던 로커의 위엄이 이 퍼포먼스에는 서려있다. 특히 기타 솔로 중 "오빠~~~" 목이 찢어져라 외치는 소녀 팬의 절규(소녀의 절규는 마지막 "오빠~ 여기 좀 바라봐~"에 이르기까지 수차례 계속 된다)는 그런 이 노래의 당시 인기와 곡이 이후 누릴 가치를 함께 대변한다. 이젠 중장년이 되었을 소녀는 저 영상을 보았을까. 고요하게 무자비한 세월 속에서 사라진 젊음의 흔적. 사려 깊은 우리의 록 발라드는 이처럼 청춘의 시간도 사랑의 추억 만큼 가만히 품어 낸다.

"역사라는 거창한 주제도 그 한 꺼풀을 벗겨 내면 실로 별것이 아닌 바로 이 시대를 채우는 사람들의 삶과 사랑의 집합에 불과할 뿐이다."

1989년 『문학과 사회』 겨울 특집호에 경제학자 겸 언론인이었던 정운영은 위와 같이 썼다. 나는 90년대를 앞둔 지식인의 사유로부터 먼저 나온 저 문장에서 "시대를 채우는 사람들의 삶과 사랑의 집합"이란 구절에 눈이 갔다. 〈나만의 그대 모습〉은 정운영의 글이 향한 시대의 초입, 그러니까 사회학자 윤여일의 말처럼 "원치 않았지만 닥쳐온 변화와 갈구했으나 지난했던 변화"가 부대낄 1991년 이후 들불처럼 번지게 될 록 발라드계의 명곡으로서 운명을 부여받았고, 또 그 시대와 다음 시대의 "삶과 사랑의 집합"에 유의미한 의미를 부여할 이별 노래의 사연으로서도 영생을 얻었다. _김성대

B612
나만의 그대 모습

발매일 1991. 06. 07
앨범명 Rock Band B612
수록곡
1. 하나뿐인 그대
2. 그 모습 그대로
3. I Can Wait For Your Love
4. 나만의 그대 모습
5. I'm On Fire
6. Dancing With The Puppet
7. I Need Love
8. We're Playing Oh! Fis Rock
9. 사랑의 느낌

노래 듣기

하고 싶은 것 또는
해야 하는 것에 관한 노래

기존 상황이나 현상은 하루아침에 바뀌지 않는다. 10년 단위 시대론 및 세대론은 연구하는 학자들이 편의상 구분하는 것이지, 한 시대와 세대라는 게 그렇게 무 자르듯 끊어서 살필 수 있을 리가 없다. 실제 90년대는 갓 막을 내린 80년대의 연장이었고, 2000년대 역시 90년대와 크게 다르지 않은 문화와 정서를 공유한 채 문을 열었다. 대중음악 장르도 마찬가지다. 그 시대의 장르는 분명 전 시대의 장르에 겹쳐 있으며, 장르 사이 주류와 비주류의 구분은 대중이 알게 모르게 구축되었다 소리 소문 없이 와해된다. 한두 개의 장르가 한 시대를 풍미한 뒤 증발하고 나면 곧바로 새로운 무엇이 그 자리에 들어서곤 한 것이다. 장르 유행은 독점되고 고정될 수 없었다. 그것은 공존과 순환의 연속이다.

이덕진이 등장한 1992년은 '서태지의 시대'였다. 하지만 서태지의 시대라고 해서 이전 시대가 완전히 지워진 건 당연히 아니다. 특히 90년대를 지배한 랩과 댄스에 유일하게 맞설 수 있었던 장르로서 팝

발라드는 이승환과 신승훈, 강수지와 원미연이라는 이름들과 함께 이지연과 장혜리, 이문세와 변진섭이 대표한 80년대의 아성을 이어 갔다. 그리고 그 팝 발라드에 80년대 록의 에너지를 접목한 록 발라드는 아예 자체 전성기를 맞고 있었다.

"한때는 발라드가 지금의 아이돌과 트로트만큼 주류였던 적이 한국 가요계에도 있었다. 수요가 얼마나 깊었는지 정규 앨범에 발라드를 넣기 싫어한 음악가도 살기 위해선 거의 의무적으로 발라드를 넣어야 했을 만큼 한국인들은 발라드를 사랑했다. 발라드는 장르라기보단 정서인 탓에, 그렇다면 한국인들의 발라드 사랑이란 결국 유행과는 무관한 사시사철 모두의 마음 어딘가에 숨어있는 감성의 성역에서 비롯된 것일까."

2024년 1월 『아이즈』라는 매체에 기고한 글에서 썼듯 한국 사람들은 발라드를 유행과는 무관하게, 정말 틈만 나면 사랑했다. 그 가장 뜨거웠던 시대가 80~90년대였던 것이고 이덕진은 그런 8090 시대의 전환기에, 그것도 서태지라는 괴물 아티스트가 등장할 때 함께 등장했다.

이덕진은 유독 맞대결(VS)을 좋아한 당시 미디어 분위기에 맞춰 신성우에 필적하는 '테리우스'로 소비됐다. 본인은 썩 내키지 않아 한 듯 보이는 이 이국적인 별명은 물론 그의 태생적인 매력(긴 머리, 큰 키, 잘 생긴 외모) 덕분이었다. 무엇보다 둘이 한 범주에 묶인 건 천생 로커라는 사실이 결정적이었다. 일단 〈내가 아는 한 가지〉가 수록된 데뷔작 《Sad Wings Of Destiny》부터 영국 헤비메탈 밴드 주다스 프리스트가 1976년에 발표한 두 번째 앨범 제목과 같았다. 하지만 이덕진이 데뷔한 곳은 한국. 그는 프리스트의 해당 앨범에 수록된 〈Victim of Changes〉 같은 대곡은 언감생심, 〈The Ripper〉나 〈Deceiver〉 같은 정통 메탈 따윈 엄두도 낼 수 없었다. 그 시절 배곯지 않고 음악을 하려던 한국 로커에게 허락된 건 그저 발라드, 오직 발라드뿐이었다. 얄궂게도 〈도시 속의 사랑〉을 빼곤 온통 발라드로 채워진 데뷔 앨범의 제목《Sad Wings Of Destiny(운명의 슬픈 날개)》는 마치 그런 이덕진의 서글픈 처지를 반영한 듯 보였다.

〈내가 아는 한 가지〉는 최성원(들국화)의 곡과 변진섭의 〈너에게로 또다시〉, 조용필의 〈이젠 그랬으면 좋겠네〉 노랫말을 쓴 박주연의 가사가 만나 완성됐다. 편곡은 어떤날의 조동익이 했다. 자신을 스타로 만들어 줄 이 곡에서 이덕진은 고등학교 1학년 때 몸담았던 밴드 이름(야생마)처럼, 존 본 조비와 로니 제임스 디오를 섞은 것 같다던 주위 평가를 받은 목청을 2옥타브 시에 이르는 후렴구 음까지 뻗어 보였다. 물론 테리우스의 샤우팅은 훌륭했다.

신성우에게 '내일뉴스'라는 밴드가 있었듯 이덕진에겐 '웨이브'가 있었다. 〈내가 아는 한 가지〉로 스타가 된 이후에도 그는 웨이브의 프런트맨으로 활약했다. 돈은 록 발라드가 벌어 주지만 하고 싶은 음악을 하지 못해 답답했던 가슴은 웨이브와 함께 하는 메탈 음악이 뚫어 주었기 때문이다. 밴드를 얼마나 하고 싶었으면 TV에서 〈내가 아는 한 가지〉를 소개할 때도 자막엔 '노래-이덕진밴드'라고 나올 정도였다. 하고 싶은 음악과 해야 하는 음악의 갈등 사이에서 대중의 인기를 얻었으니 이덕진 본인에게 저 노래는 아이러니에 가까웠을 것이다. 괴롭지만 행복했을 그 이중 감정은 사실 현대인들에게도 낯설진 않다. 우린 대부분 해야 하는 일을 생업으로, 하고 싶은 일을 취미나 부업으로 삼고 있으니까.

〈내가 아는 한 가지〉를 발표하고 15년이 지난 2007년, KBS「열린 음악회」에 출연한 이덕진이 긴 생머리에 밴드를 대동해 〈내가 아는 한 가지〉를 부르던 모습은 그 아이러니를 가장 현실적으로 깨뜨린 장면처럼 보였다. 거기에서 이덕진은 내가 하려던 건 이런 거(록 밴드)였지만 내가 해야 했던 건 이 노래(록 발라드)였다고 외치는 것 같았다. 〈내가 아는 한 가지〉를 부른 뒤 너무 오랜만이라 팬들에게 죄송하다며 멋쩍게 웃은 이덕진. 그런 그가 부른 다음 곡은 본 조비의 〈It's My Life〉였다. _김성대

이덕진

내가 아는 한 가지

발매일 1992. 01. 12
앨범명 Sad Wings Of Destiny
수록곡
1. 내가 아는 한 가지
2. 너의 눈에 눈물이
3. 혹시 또 모르잖니
4. 슬픔에 젖은 너에게
5. 남이 되버린 흔적
6. 그 누구나 아는 슬픔
7. 기다리는 연형
8. 깊어가는 이별
9. 도시 속의 사랑
10. 내가 꿈꾸던 세상

노래 듣기

한국형 록 발라드의
본격적인 시작

90년대 초반에 TV를 끼고 살았던 사람이라면 MBC가 토요일 저녁에 방송했던 연예 정보 프로그램 「특종! TV 연예」를 잊을 수 없을 것이다. 가수 출신 MC인 임백천의 깔끔한 진행이 돋보였던 이 프로그램의 인기는 정말 대단했다. 이 프로그램을 시청하지 않으면 다음 주 월요일에 학교에서 반 친구들과 이야기가 통하지 않았을 정도였다. 동네에서 저녁까지 놀던 아이들은 방송시간이 다가오면 엄마가 부르지 않아도 일제히 각자의 집으로 흩어졌다. 그만큼 핫한 프로그램이었다.

「특종! TV 연예」에서 내가 가장 집중해서 시청했던 코너는 신곡을 소개하는 무대였다. 새로운 앨범을 발표한 가수가 무대에 올라 라이브를 선보이면 심사위원 세 명이 평가하고 점수를 매기는데, 어린 나도 심사위원으로 빙의돼 점수를 매기며 신곡의 미래를 점쳐보곤 했다. 아는 사람은 다 알 텐데, 서태지와 아이들의 데뷔 무대도 이 코너였다. 그때 심사위원들이 점수를 박하게 주는 바람에 말

이 많이 나오긴 했지만 말이다. 나는 그 역사적인 순간과 엄청난 후폭풍을 실시간으로 지켜봤다. 방송 후 학교에서 아이들이 너도나도 "난 알아요!"를 외치던 진풍경이 아직도 기억 속에 생생하게 남아 있다. TV의 영향력이 어마어마했던 시절이었다. 요즘 실시간 음원 차트와 비교하기 어려울 정도로 말이다.

각설하고 지난 1992년 봄의 어느 토요일 저녁, 나는 매주 그래왔듯이 TV 앞에 가까이 앉아 채널을 MBC로 고정했다. 그날 신곡을 소개하는 무대에 오른 가수의 분위기는 다른 가수와 사뭇 달랐다. 단발보다 조금 긴 머리, 긴장한 채 마이크를 움켜쥔 손. 눈을 감은 채 읊조리듯 노래를 부르던 그는 후렴구가 시작되자 표정 변화 없이 고음역대 보컬을 소화했다. 정말 기가 막히게 잘 불렀다. 성인 남자가 저렇게 노래를 부를 수도 있다는 사실이 놀라웠다. 지금이야 3옥타브 언저리까지 올라가는 음역을 소화하는 가수가 흔하지만, 당시에 가요계에선 그런 보컬을 듣기가 어려웠다. 무대를 마친 그는 쑥스러운 표정으로 평가를 기다렸고, 심사위원들은 후한 점수를 줬던 걸로 기억한다. 그날 무대에 오른 가수는 헤비메탈 밴드 시나위 출신 보컬리스트 김종서, 그가 부른 곡은 지금까지도 한국 록 발라드의 대표곡으로 꼽히는 〈대답 없는 너〉였다.

록 발라드라는 말이 익숙하지 않았던 시절에도 그런 성향의 곡들이 꽤 있었다. 시나위의 데뷔 앨범 수록곡 〈그대 앞에 난 촛불이어라〉(1986), 부활의 데뷔 앨범 수록곡 〈희야〉와 〈비와 당신의 이야기〉(1986)는 지금 기준으로 들어봐도 부정할 수 없는 록 발라드다. 그보다 앞서 들국화가 발표한 데뷔 앨범의 수록곡 〈그것만이 내 세상〉(1985)도 넓게 보면 록 발라드라고 볼 여지가 있다. 시간을 더 거슬러 올라가 김수철이 첫 솔로 앨범에 담았던 〈못다 핀 꽃 한 송이〉(1983), 조용필이 5집에 담았던 〈산유화〉(1983) 같은 곡도 록 발라드의 문법을 보여줬던 곡이라고 말할 수 있다. 그런데 이런 곡들을 록 발라드라고 부르자니 왠지 어색하다.

그 이유가 무엇일까. 록 발라드의 맨 앞 글자를 살펴보라. 록이다. 록이라는 단어에서 떠오르는 이미지가 무엇인지 상상해 보라. 디스토션이 걸린 일렉트릭 기타 연주를 전면에 내세운 밴드 연주, 그리고 긴 머리를 휘날리며 스피커를 찢어 버릴 듯 고음을 쏟아 내는 보컬리스트가 떠오르지 않는가. 록 뒤에 붙어 있는 발라드라는 단어에서 떠오르는 이미지가 무엇인지 상상해 보라. 귀에 쏙쏙 들어오는 서정적인 멜로디와 애절한 가사가 떠오르지 않는가. 록과 발라드는 따로 놀았던 장르다. 록은 이젠 낯설게 느껴지는 언더그라운드에서 소수의 마니아가 즐기는 음악이었고, 발라드는 오버그라운드에서 대중이 즐기는 음악이었다. 서로 접점이 없어 보였던 두 장르가 결합해 대중에 각인되고 새로운 장르로 받아들여지기 시작한 계기는 언더그라운드에서 활동하며 역량을 쌓았던 김종서가 오버그라운드에 발표한 첫 솔로 앨범 《REHTONA》의 타이틀곡 〈대답 없는 너〉였다.

돌이켜 보면 1992년은 한국 가요계에 가장 큰 지각 변동이 일어났던 해였다. 80년대를 압도적인 힘으로 지배했던 조용필로부터 헤게모니를 넘겨받은 서태지와 아이들은 아이돌 댄스 가수 시대를 열었다. 서태지와 한때 시나위에서 한솥밥을 먹었던 김종서는 록 발라드라는 새로운 물줄기를 만들며 '가요계의 황금기'로 불리는 90년대를 다채로운 색깔로 채우고 균형을 맞추는 역할을 했다. 그렇게 그는 대중에 오랫동안 로커의 대명사로 자리 잡는다.

아울러 간과해선 안 되는 점은 김종서가 훌륭한 보컬리스트임과 동시에 훌륭한 작곡가라는 사실이다. 김종서 이후 오버그라운드에 많은 로커가 등장했지만, 그보다 작곡가로서 뛰어난 역량을 보여 준 로커는 없었다. 〈지금은 알 수 없어〉, 〈겨울비〉, 〈다시 난 사는 거야〉, 〈아름다운 구속〉, 〈에필로그〉 등 지금까지 사랑받는 수많은 록 발라드 히트곡이 그의 손끝에서 나왔음을 잊으면 안 된다. 그 시작점에 〈대답 없는 너〉가 있었다. _정진영

김종서

대답 없는 너

발매일 1992. 01. 30
앨범명 REHTONA
수록곡
1. 대답 없는 너
2. 주머니 속의 행복
3. 내앞에 선 너에게
4. 내 기다름의 시작
5. 지금은 알 수 없어(My Love)
6. 따스한 봄날까지
7. 숨겼던 눈물로
8. 사랑을 한 후에 사랑은

노래 듣기

최선을 다하고
기회를 기다리는 인내

2004년 가을, 내가 편도 절제 수술을 받았을 때의 일이다. 어렸을 때부터 나는 자주 심하게 감기를 앓곤 했다. 어린 시절에는 그저 몸이 약해 그런가 보다 했는데, 나이 들어 몸이 건장해졌는데도 마찬가지였다. 동네 의사를 통해 이유를 들어 보니 남들보다 지나치게 큰 편도 때문이었다. 편도는 목구멍에 붙어 있는 조직으로 외부에서 유입되는 세균이나 바이러스로부터 우리 몸을 방어하는 면역 기능을 맡는다. 문제는 편도가 커서 외부에 자주 노출되면 오히려 만성 염증이나 감기의 원인이 된다. 시도 때도 없이 감기에 시달리기보다 편도를 절제하고 한 달 정도 고생하는 게 낫겠다는 판단이 섰다.

나는 편도 절제 수술을 받으며 살면서 처음으로 전신 마취를 경험했다. 드라마와 영화에서 봤던 수술 장면 때문에 전신 마취를 받으면 지난 생이 주마등처럼 스쳐 지나갈 줄 알았는데 그런 일은 벌어지지 않았다. 열까지 숫자를 세기도 전에 기억이 끊겼고, 깨어나 눈을 뜨니 하얀 병실 천장이 보였다. 술에 만취한 듯 눈앞이 어지러

워 정신을 차릴 수가 없었다. 그 상황에서 나는 우습게도 노래를 부르고 싶었다. 내 입에서 알아들을 수 없는 발음으로 노래가 흘러나왔고, 곧 간호사가 병실로 들어왔다. 내 노래를 들은 간호사가 키득키득 웃는 소리가 들렸다. 그때 내가 부른 노래는 박강성의 〈내일을 기다려〉였다.

나는 젊었을 때 정말 많은 소주를 마셨다. 특히 20대 초중반에는 심각한 수준이었다. 그 시절에 나는 가족 모두가 잠든 밤이면 내 방으로 들어와 문을 잠근 뒤 책상 서랍에 숨겨뒀던 소주병을 꺼냈다. 안주는 부실해서 새우깡이나 콘칩 같은 과자가 전부였다. 그래도 괜찮았다. 음악이면 충분했으니까. 당시 방구석 뮤지션이었던 나는 소주를 마시며 이런저런 음악을 듣다가, 살짝 정신을 놓은 상태로 컴퓨터 앞에 앉아 미디 시퀀서를 실행해 멜로디를 끼적이곤 했다(내가 2014년에 낸 유일한 앨범인 《오래된 소품》은 그 시절의 흔적이다). 그때 우연히 내 귀에 들어와 꽂힌 노래가 박강성이 1992년에 발표한 3집에 실린 〈내일을 기다려〉였다.

단단했다. 박강성의 목소리는 내가 지금까지 들은 목소리 중에서 가장 단단했다. 학창 시절부터 로커를 꿈꿨던 나는 목청을 틔우겠다고 틈만 나면 노래방에 가서 소화하지도 못하는 록 발라드를 기괴한 목소리로 불러 댔다. 야밤에는 이불을 뒤집어쓰고 소리를 꽥꽥 지르다가 어머니께 들켜 등짝 스매싱을 당하기도 했다. 그래서 남들보다 살짝 더 알았다. 고음은 어찌어찌 올릴 수 있을지 몰라도 거기에 무게까지 싣기는 정말 어렵다는 걸 말이다. 탄탄한 중저음을 바닥에 깔지 않은 채 올리는 고음은 모기 울음소리처럼 가볍고 처량

하다. 박강성이 〈내일을 기다려〉로 들려준 목소리는 그야말로 '찐'이었다. 〈내일을 기다려〉를 듣고 감탄한 나는 박강성의 모든 앨범을 찾아 듣기 시작했고, 공교롭게도 그 시절에 편도 절제 수술을 받아 우습고 황당한 추억을 남겼다.

나는 뒤늦게 박강성의 흔적을 따라가며 그의 노래뿐만 아니라 그의 삶에도 빠져들게 됐다. 박강성은 지난 1982년 「MBC 신인가요제」에서 대상을 차지하면서 나름 화려하게 데뷔했지만 그뿐이었다. 김범룡, 최성수 등 또래 가수가 잘나가는 모습만 바라보던 그는 1988년에 겨우 데뷔 앨범을 냈는데 큰 반향을 일으키진 못했다. 1990년에 발표한 2집의 수록곡 〈장난감 병정〉, 2년 후 〈내일을 기다려〉로 이름을 알렸지만 인기 가수 대열에 오르진 못했다. 그는 살기 위해 도망치듯 미사리 라이브 카페로 무대를 옮겨 오랫동안 와신상담했다.

박강성의 단단한 목소리는 방송이 아닌 라이브에서 훨씬 빛을 발했다. 그곳에서 그는 '미사리의 서태지'라는 별명을 얻을 만큼 큰 인기를 끌며 팬덤을 얻었고, 마침내 1만 석 이상 대규모 공연장을 채울 수 있는 정상급 가수로 발돋움했다. 박강성은 이제 그가 부러워했던 동료 가수들이 오히려 부러워할 만큼 활발하게 활동하며 때늦은 전성기를 길게 이어가고 있다. 〈내일을 기다려〉는 이제 그를 대표하는 곡이자 한국 록 발라드 명곡으로 뒤늦게 자리매김했다.

지난 2015년 여름, 음악 기자로 활동했던 나는 박강성을 인터뷰로 만났다. 나는 하는 일이 제대로 풀리지 않을 때면 종종 〈내일을 기다려〉를 흥얼거리곤 했기 때문에 그와의 인터뷰에 임하는 마음이 남달랐다. 나는 그에게 〈내일을 기다려〉와 얽힌 이런저런 추억을 털

어놓았고, 그는 유쾌하게 웃으며 답이 브이지 않았던 과거를 회상했다. 그가 그저 그런 가수에서 '중년의 아이돌'로 거듭날 수 있었던 비결은 어렵고 단순했다. 최선을 다하고 기회를 기다리는 인내.

박강성은 목표가 무엇이냐는 내 질문에 "유명 가수가 되고 싶다."라는 의외의 대답을 내놓았다. 그는 쑥스러워하면서도 "한 번쯤은 신승훈이나 김건모처럼 전 국민의 입에 오르내리는 가수가 되고 싶다."라고 진심으로 고백했다. 아무도 찾아주지 않는 현실에 절망하지 않고, 단단한 목소리를 무기 삼아 직접 무대를 만들어나갔던 '사나이'의 자신감 섞인 고백이었다. 그러니까 내가 반했지. _정진영

박강성
내일을 기다려

발매일 1992. 11. 01
앨범명 이별 그 후
수록곡
1. 이별 그 후
2. 내일을 기다려
3. 이별없는 사랑
4. 안녕
5. 비오던 밤
6. 사랑의 상처
7. 안녕(Inst.)
8. 우리들은 좋은 친구야
9. 헤이
10. 내 지난 시간들
11. 서로 사랑해

노래 듣기

스산하고 감미로운
겨울의 이별 노래

먼저 '김종서는 왜 두 곡이지?' 의문을 가지는 분들께 양해의 말씀을 드린다. 원래 이 글은 '시나위의 〈겨울비〉'를 쓰라고 마련된 공간이었다. 하지만 서태지가 베이스를 치던 시나위의 헤비메탈을 받아들이기에 1990년도의 나는 너무 어렸다. 나는 〈겨울비〉를 1993년 중학교 3학년 때 나온 김종서 2집 《2NDSTEP》에서 처음 들었다. 김종서가 한 번 더 나오는 건 그래서다.

당시 나는 김종서 2집을 서태지와 아이들 2집, 신성우 2집, 김건모 2집, 피노키오 2집, 공일오비 2집 등 온갖 '2집'들과 함께 틈만 나면 휴대용 카세트 플레이어를 통과시켰는데, 지금도 첫 트랙부터 끝 트랙까지 대략 흥얼거리는 걸 보면 어린 마음에 그 만족감이 상당했던 모양이다. 긴 머리를 쓸어 올리는 김종서의 모노톤 인물 사진을 대문에 새긴 《2NDSTEP》에서 〈그 약속 기억해 봐〉는 아직 덜 익숙했던 로큰롤의 맛을 알게 해 줬고, 〈혼자 가는 여행〉과 〈요즘 사람들〉은 당시엔 단어조차 생소했을 '그루브'라는 음악 요소를 펼쳐 보였다. 오

르골 도입부가 흥미로웠던 또 다른 이별 이야기 〈바래진 기억으로〉는 〈겨울비〉만큼 좋아한 록 발라드였으며, 13분에 가까운 〈어머니의 노래〉는 아마도 신성우의 〈요람에서 무덤까지〉와 더불어 그 시절 내가 만난 국산 프로그레시브 록의 한 조각이었을 것이다. 그것은 무한궤도의 〈끝을 향하여〉 이후 4년 만의 장르적 대면이었다.

시나위의 〈겨울비〉는 퍼붓는 빗소리와 거친 차 소리로 문을 연다. 불붙인 담배 한 대를 문 가수의 한숨 소리가 이어지고, 곧 차분한 기타 스트럼이 노래에 손짓한다. 〈겨울비〉 원곡은 2절로 들어갈 때 드럼과 일렉트릭 기타가 곁들여지며 마침내 록 발라드로서 조건을 갖추는데, 거기서 후렴구 직전 신대철의 기타는 더 거칠게 울어댄다. 그 소리의 굴곡 위를 아이의 미성과 청년의 고뇌를 함께 지닌 김종서 음색의 독보적인 처연함이 드리우면서 곡은 제 갈 길을 간다. 참고로 시나위의 리더 신대철은 데모 테이프에 통기타 버전으로 녹음해 둔 김종서의 곡에 노랫말을 붙인 〈겨울비〉의 작사가이기도 했다.

3년 뒤 김종서의 〈겨울비〉는 비, 차, 담뱃불 붙이는 소리와 한숨 소리를 모두 빼고 새로 태어났다. 새로 태어난 〈겨울비〉는 대신 80~90년대 세션계를 주름잡은 기타리스트 함춘호의 또렷한 기타 아르페지오와 스산한 멜로디를 흩뿌리고 사라지는 플루트로 도입부를 밝혔다. 저러한 세련된 편곡에 걸맞게 김종서의 노래는 원곡 때와 비교해 감정에서도 기교에서도 분명 깊고 풍성하다. 또 어쿠스틱에서 일렉트릭으로 갈아탄 함춘호의 기타 역시 곡 뒤에서 끊임없이 울어대던 신대철의 것과 달리 포인트만 짚어주며 한발 물러나 있고, 김우진의 키보드와 배수연의 드럼, 이태윤의 프렛리스 베이스도 곡 또는 앨범의 주인공이 김종서라는 걸 완전히 이해하고 존중하는 플레이를 펼치고 있다. 1993년에 〈겨울비〉는 마침내 시나위의 것에서 김종서의 것이 되었다.

《2NDSTEP》의 곡들은 죄다 김종서가 썼다. 나는 어린 마음에도 모든 작곡을 스스로 했다는 크레디트 내용에 뭔가 멋지다는 생각을 했다. 그건 부활 초대 보컬리스트와 시나위 2대 보컬리스트를 거쳐 내가 하고 싶은 걸 내가 만들었다는 얘기였고, 더 부풀려 표현하자면 존재로서 사고의 회로가 '우리'에서 '나'로 옮겨간 90년대 X세대에게 그 내용은 세상에 맞서 이겨 낸 모종의 영웅적 행보이기도 했다. 〈겨울비〉와 함께 좋아한 〈그래도 이제는〉은 그래서 헤비메탈 밴드에서 벗어나 성공적인 솔로 로커로 당당할 수 있었던 그의 사연과 비결을 풀어놓은 것도 같았다. "김종서는 표범처럼 홀로 유유히 다니는 맹수에 가까웠다." 부활의 김태원은 김종서를 제대로 파악한 바 있다.

겨울과 비는 고독의 맹렬한 조건이다. 차가운 비 또는 비의 한기가 일군 쓸쓸함이 사랑의 파괴로 번져 태어난 〈겨울비〉는 대중의 가슴을 일순 흔들어 놓았다. 하지만 의외로 김종서는 〈대답 없는 너〉와 〈지금은 알 수 없어〉가 대표한 92년 솔로 데뷔작의 여세를 이어가야 했던 2집에 〈겨울비〉를 싣는 걸 처음엔 탐탁지 않아 했다. 이미 발표했던 곡을 우려먹는 게 싫었기 때문이다. 그럼에도 타산을 따져야 하는 대중 가수로서 이 곡을 싣자고 권유한 제작자의 입장을 헤아리지 않을 수 없었던 바, 김종서는 〈그래도 이제는〉을 2집의 타이틀곡으로 하는 조건 아래 〈겨울비〉를 자신의 두 번째 앨범에 실었다. 결

과는 대히트. 결국 이 노래는 겨울철 비오는 날이면 창작자의 통장을 두둑하게 만들어 주는 효자곡이 된다. 나는 그 〈겨울비〉를, 아직은 인간의 고독은커녕 사랑의 이별조차 막연하기만 했던 중학교 3학년 때 열심히 듣고 또 따라 불렀다. _김성대

김종서
겨울비

발매일 1993. 04. 01
앨범명 2NDSTEP
수록곡
1. 겨울비
2. 그래도 이제는
3. 그 약속 기억해 봐
4. 혼자 가는 여행
5. 바래진 기억으로
6. 요즘 사람들
7. 어머니의 느래 Ⅰ. 땅 Part1(The Land) / Ⅱ. 어머니의 노래(The Mother Ea-th Song) / Ⅲ. 땅 Part2(The Land) / Ⅳ. 안녕히 (Good Night)

노래 듣기

듣는 순간
사랑하고 싶어지는 노래

노래의 힘은 듣는 즉시 감정을 자극한다는 점에 있다. 3~4분 내외의 짧은 시간 동안에 이런 힘을 발휘하는 무언가가 노래 말고 또 있을까. 20여 년 전 3수 끝에 대학에 합격한 뒤 서울로 향하는 무궁화호 기차를 탔을 때의 일이다. 나는 이어폰을 귀에 꽂고 워크맨의 재생 버튼을 눌렀다. 이어폰에서 조용필의 〈꿈〉이 흘러나왔다. 나도 모르는 사이에 두 눈에서 흘러내린 눈물이 고장 난 수도꼭지처럼 멈춰지질 않아 당황했다. 그 순간의 내 모습이 제삼자가 바라보고 촬영한 스냅 사진처럼 기억에 남아 있다.

이보다 시간을 더 거슬러 올라가 사춘기 때도 비슷한 경험을 했다. 사랑이란 도대체 무엇이기에 저런 노래로 만들어질 수 있는 걸까. 사랑이 뭔지 모르는 어린 나이였는데도 노래 하나 때문에 흑백이었던 세상이 총천연색으로 보이고 누군가를 간절히 사랑해 보고 싶은 충동을 느꼈다. 이원진이 1994년에 발표한 데뷔 앨범에서 류금덕과 함께 부른 〈시작되는 연인들을 위해〉를 처음 들었을 때의 기분

이 그랬다. 누군가는 고개를 끄덕일 테고, 누군가는 말도 안 되는 과장으로 느낄 테다. 상관없다. 노래의 힘은 개별적으로 작용하는 법이니까. 누군가에겐 아무렇지도 않은데, 누군가에겐 내 이야기로 들리는 게 노래이니까.

남녀가 듀엣으로 부른 노래는 한 번 제대로 뜨면 '국민가요' 수준으로 인기를 끌곤 했다. 외부와 잠시 차단된 노래방이라는 공간에서 연인이 서로의 사랑을 확인하는 데 이만한 노래가 없으니 말이다. 조갑경과 홍서범의 〈내 사랑 투유〉, 김현철과 이소라의 〈그대 안의 블루〉, 임재범과 박정현의 〈사랑보다 깊은 상처〉, 주영훈과 이혜진의 〈우리 사랑 이대로〉, 김동률과 이소은의 〈기적〉, 아이유와 임슬옹의 〈잔소리〉, 소유와 정기고의 〈썸〉 등은 지금까지도 많은 사랑을 받는 연인들의 애창곡이다.

그중에서도 〈시작되는 연인들을 위해〉는 특별했다. 이 노래는 제목처럼 이제 막 사랑을 시작하려는 연인의 감정을 교차해 들려주는데, 남녀 보컬의 대비감이 어떤 듀엣곡보다도 뚜렷해 강렬한 인상을 남긴다. 시작은 류금덕의 몫이다. 류금덕은 이제 막 시작한 사랑에 두려움을 느끼는 여자의 감정을 수줍은 톤으로 표현한다. 다음은 남자가 확신을 줘야 하는 시간이다. 확신은 자신감에서 나온다. 이뤄낸 게 많지 않고 경험도 부족한 젊은 남자의 자신감이 어디에서 나오겠는가. 젊음에서 비롯된 패기다. 허세라도 좋다. 그때 아니면 부릴 수도 없는 허세다. 이원진은 류금덕보다 더 높은 음역을 강한 보컬로 소화하며 여자의 불안을 잠재우는 남자의 모습을 절절하게 그린다. 비음에 신음을 묘하게 섞은 이원진의 보컬은 이승환을 연상케

하는데, 이원진은 여기에 마치 울음을 꾹 눌러 참는 듯한 감정까지 더해 짙은 호소력을 보여 준다.

〈시작되는 연인들을 위해〉는 다른 남녀 듀엣곡과 달리 여성 보컬리스트의 이름이 전면에 등장하지 않는다. 늘 이원진의 노래로 소개된다. 류금덕은 앨범 재킷에 '코러스'로만 작게 이름을 새겼을 뿐이다. 그 때문에 이 노래를 좋아하는 이들 중에서도 류금덕의 이름을 기억하는 이는 드물다. 이렇게 된 데에 짐작이 가는 이유 몇 가지가 있다. 노래에서 류금덕이 차지하는 비중이 이원진보다 훨씬 적다. 또한 류금덕은 다른 남녀 듀엣곡에 참여한 여성 보컬리스트와 달리 솔로 뮤지션으로서 눈에 띄는 활동을 보여 주지 못했다. 류금덕이 목소리를 보탠 유명한 노래는 〈시작되는 연인들을 위해〉를 제외하면 신해철이 음악을 맡은 영화 「정글 스토리」의 OST 〈아주 가끔은〉 뿐이다. 류금덕의 활동은 1997년에 나온 신중현 트리뷰트 앨범 《A Tribute To 신중현》에 실린 〈햇님〉을 마지막으로 흔적을 찾을 수가 없다.

다시 〈시작되는 연인들을 위해〉를 들어 보자. 인제 와서 만약이라는 가정이 별 의미는 없겠지만, 류금덕이 부른 전반부가 없었다면 이원진이 부른 후반부가 주는 감동의 진폭이 그토록 클 수 있었을까. 류금덕의 보컬이 없었다면 이 노래가 이렇게 오랜 세월 동안 연인을 위한 송가로 사랑받을 수 있었을까. 〈시작되는 연인들을 위해〉는 이원진의 솔로 앨범에 담긴 노래이긴 하지만, 그저 '코러스'로만 기억되기에는 류금덕이 노래에 남긴 흔적이 가볍지가 않다. 그래서 나는 이 노래의 제목에 류금덕의 이름을 이원진 옆에 놓지 않을 수 없다.

마지막으로 이원진을 짚고 넘어가 보자. 그의 갑작스러운 죽음에 관해선 지금도 이런저런 말이 많다. 심지어 유체이탈에서 깨어나지 못해 죽었다는 소문이 사실처럼 퍼지기도 했다. 그가 갑자기 세상을 떠나지 않았다고 해도 〈시작되는 연인들을 위해〉만큼 주목을 받았을진 의문이다. 그가 1995년에 내놓은 두 번째 앨범은 솔직히 심심한 결과물이었고, 그로부터 2년 후 세상을 떠날 때까지 새로운 앨범은 없었으니 말이다. 그래도 그가 계속 살아서 활동했더라면 좋은 노래를 만나 매력적인 보컬을 들려줄 기회가 더 있지 않았을까. 이젠 그렇게 열창하는 보컬리스트가 드문 세상이어서 그가 들려줬던 노래가 그립다. _정진영

이원진 with 류금덕
시작되는 연인들을 위해

발매일 1994. 01. 01
앨범명 Lee Won Jin
수록곡
1. 독백
2. 시작되는 연인들을 위해
3. 늦었지만
4. 지우리
5. 하늘에 묻고 싶어
6. 내가 안아 줄거야
7. 넌 항상 내곁에
8. 그대만의 세상

노래 듣기

이 노래는
'상남자'의 록 발라드다

2000년대 초중반까지만 해도 번화가를 걸으면 어떤 노래가 히트곡인지 쉽게 체감할 수 있었다. 가장 자주, 그리고 잘 들리는 노래가 히트곡이었다. 그런 환경에서 가수가 새로운 노래를 알릴 전략 중 하나는 다른 노래보다 더 잘 들리게 부르기였을 테다. 이젠 거리에 음악이 들리지 않는 세상이다. 대신 거리를 걷는 사람들의 귀에 블루투스 이어폰이 꽂혀 있다. 힘으로 밀어붙이는 창법으로 부르는 노래는 귀에 부담을 준다. 세월이 흐르는 동안 음악 트렌드가 바뀌었고, 음악을 듣는 환경도 바뀌었으니, 창법의 변화도 당연한 수순 아니었을까. 언젠가부터 목에 핏대를 세우는 보컬리스트가 귀해진 이유가 여기에 있다고 본다.

그래도 말이다. 가끔은 전투적으로 노래를 부르는 '상남자' 보컬리스트를 만나고 싶을 때가 있다. 촌스럽고 투박해도 좋다. 어떤 소리이든 간에 크고 강렬한 소리는 사람을 흥분시키는 무언가를 가지고 있다. 대중적인 인기와는 별개로, 라이브에서 관객을 가장 흥분

시키는 음악은 늘 록 아니던가. 공연장까지 가지 않아도 본능을 확인할 곳은 가까이에 있다. 직장 저녁 회식이 끝난 후 2차로 노래방에 갔을 때 가장 많이 선곡되는 노래는 록 발라드 아니던가. 비록 인기를 끌었던 기간은 짧았지만 지금도 내게 강렬한 기억으로 남아 있는 '상남자' 보컬리스트가 있으니, 바로 손성훈이다.

때는 내가 국민학교를 졸업하고 중학교 입학을 기다리던 1994년 초로 거슬러 올라간다. 마침 겨울방학인 데다 학원에 다니지도 않았던 터라 집에서 온종일 게임이나 하다가 TV 앞에 앉는 게 내 일상이었다. 늦게까지 잠을 자지 않아도 부모님께서 야단을 치지 않으니 밤이면 드라마에 빠져 살았다. 그때 한 회도 빼놓지 않고 시청했던 드라마가 KBS 2TV 수목드라마 「폴리스」였다. 캐스팅이 정말 화려했다. 주인공 역을 맡은 이병헌을 비롯해 김호진, 오현경, 엄정화, 이승연 등 지금까지 활발하게 활동 중인 당대 청춘스타들이 대거 출연한 드라마였다.

솔직히 드라마 내용은 잘 기억나지 않는다. 그 시절에 나는 오현경, 엄정화, 이승연의 아름다운 모습을 넋이 나가도록 바라보느라 정신이 없었으니 말이다. 오랜 세월이 흐른 터라 그 시절 그녀들의 모습이 드라마에 어떻게 나왔는지 기억이 가물가물하다. 가끔 TV로 그녀들의 나이 든 모습을 볼 때면 기분이 스산해진다. 그만큼 나도 나이를 먹었다는 증거이니 말이다. 그래도 「폴리스」는 내게 한 가지는 확실하게 선물로 남겼다. 손성훈이 부른 드라마 OST로 지금까지도 내 노래방 애창곡 중 하나인 〈내가 선택한 길〉이다.

삶이 지치고 앞길이 막막한 날에는 〈내가 선택한 길〉을 한 번 들어보자. 숱한 지옥 훈련 끝에 온몸에 흉터를 훈장처럼 새긴 강인한 남성의 근육질을 닮은 멜로디와 편곡, 피를 끓게 하고 바닥났던 투지를 다시 솟구치게 하는 가사, 먹이를 찾아 헤매는 맹수처럼 헐떡이는 허스키 보이스. 이 노래는 그야말로 '상남자'의 노래다. '똥폼'이라고 비웃기에는 지나치게 '간지'가 넘쳐 흐른다. 노래 마디마디마다 땀 냄새가 스며들어있다. 이 노래 때문에 소싯적에 잠시 어울리지도 않게 경찰을 꿈꿨을 정도다. 지금도 전주에 울리는 사이렌 소리를 들으면 심장이 두근거린다.

충격적인 사실은 이 노래를 작곡한 사람이 발라드의 대가이자 한때 아이돌 댄스곡까지 손을 댔던 김형석이라는 점이다. 나는 지금도 걸그룹 베이비복스의 히트곡 〈Game Over〉를 만든 작곡가와 〈내가 선택한 길〉 작곡가가 같다는 사실을 심정적으로 받아들이기가 어렵다. 더 충격적인 사실은 이 노래의 가사를 쓴 사람이 여성 작사가인 채정은이라는 점이다. 아아…… 당신은 도대체 무슨 경험을 했기에 남자보다 더 깊게 남자의 마음을 들여다본 가사를 쓰신 겁니까.

〈내가 선택한 길〉은 도저히 듣기만으로는 만족할 수 없는 노래다. 마이크를 잡아야 노래를 듣다가 몸과 마음에 쌓인 남성 호르몬을 배출할 수 있다. 하지만 마이크를 잡으려면 나름 각오해야 한다. 손성훈의 허스키 보이스는 다른 보컬리스트의 허스키 보이스와 조금 다른 구석이 있다. 한 번에 많은 호흡을 내뿜으며 성대에 자극을 줘야 나오는 독특한 보이스인데, 이렇게 노래를 부르면 목에 금방 무리가 간다. 훗날 손성훈은 밴드 시나위의 보컬리스트로 활동하다가 성대 결절 때문에 탈퇴했는데, 관심법을 살짝 써서 말해 보자면 이런 창법이 목에 무리를 준 게 아닌가 싶다 원래 허스키 보이스가 아닌 사람이 노래방에서 이런 창법을 흉내 내면 어떻게 될까. 아마 1절도 부르지 못하고 취소 버튼을 눌러야 할 거다.

그래도 〈내가 선택한 길〉은 손성훈처럼 불러야 한다. 그래야만 처절한 감성을 살릴 수 있다. 이 노래를 평범하게 불렀다고 상상해 보라. 정말 심심하지 않을까. 노래방에 가면 이 노래 하나에 모든 걸 쏟아내겠다는 '상남자'의 각오로 마지막 순서를 장식해야 한다. 이 노래는 그런 노래다. 오늘도 이 노래는 전국 곳곳의 노래방에서 장렬하게 전사할 각오로 덤빌 '상남자'를 기다리고 있다. _정진영

손성훈

내가 선택한 길

촬매일 1994. 01. 01
겔범명 KBS 드라마 「폴리스」 OST
수록곡
1. 내가 선택한 길(Part Ⅰ)
2. 널 사랑할 뿐이야(엄지 Theme)
3. 그대의 향기
4. Love Theme
5. 고독 Theme(I)
6. 내가 선택한 길(Part II)
7. 희애(喜愛)(nst.)
8. 너의 작은 입술에
9. 채연 죽음 Theme
10. 고독 Theme(II)
11. 슬픔 Theme
12. 출동

노래 듣기

사람은 멀어져도
노래는 멀어지지 않는다

1994년 여름을 경험해 본 사람이라면 누구나 공감할 것이다. 그해 여름만큼 기억에 생생하게 남아있는 여름은 없을 거라고. 정말 미친 듯이 더웠다. 2018년 여름의 더위도 대단했지만, 에어컨 덕분에 실내에 머무를 땐 견딜만했다. 1994년은 은행이나 백화점에 가야 겨우 에어컨 바람을 쐴 수 있던 시절이다. 에어컨은 부자나 집에 들여놓을 수 있었던 사치품이었다. 더위를 피할 곳이 마땅치 않았던 동네 아이들은 밤이 오면 집 밖으로 나와 골목에 돗자리를 깔고 이부자리를 펼쳤다.

더위도 더위지만, 사회가 돌아가는 분위기도 그 어떤 때보다 어수선했다. 그해 여름에 김일성이 죽었다. 동네 가게에선 생필품이 동났고, 정말 전쟁이라도 벌어질 것처럼 분위기가 뒤숭숭했다. 집에선 부모님이 진지하게 피난을 어디로 가야 하느냐고 걱정했다. 그런 와중에 미국에선 월드컵이 열렸다. 대한민국 축구 국가대표팀이 스페인에 2대0으로 지다가 두 골을 만회해 비겼을 땐 모두가 환호했고, 볼

리비아와 득점 없이 비겼을 땐 모두가 탄식했다. 대한민국의 16강 진출이 2002년 한일 월드컵보다 8년 먼저 이뤄질 수 있었던 절호의 기회였는데.

무덥고 어수선한 거리에는 경쟁이라도 하듯 다양한 장르의 노래가 울려 퍼졌다. 마로니에의 〈칵테일 사랑〉, 부활의 〈사랑할수록〉, 이상우의 〈비창〉, 임주리의 〈립스틱 짙게 바르고〉, 투투의 〈일과 이분의 일〉, 황규영의 〈나는 문제없어〉 등 수많은 히트곡이 1994년 여름에 탄생했다. 이보다 역동적이었던 여름이 다시 올까 싶다. 당시 히트곡 대열의 중간쯤에 서 있다가 지금은 세대를 초월해 스테디셀러로 자리 잡은 록 발라드 명곡이 있으니, 바로 박상민의 2집에 실린 〈멀어져 간 사람아〉다.

박상민. 정말 노래를 잘 부르는 보컬리스트다. 고막을 지나치게 자극하지 않는 청량한 허스키 보이스, 록부터 트로트까지 장르를 가리지 않고 맛깔나게 소화하는 감성, 스튜디오와 라이브를 구분하기 어려운 정확한 음정, 라이브에서 더 진가를 드러내는 풍부한 성량. 박상민의 주전공은 역시 록 발라드다. 그보다 과연 애절하게 록 발라드를 소화할 수 있는 보컬리스트가 몇 명이나 있을까. 〈애원〉, 〈해바라기〉, 〈상실〉 등의 히트곡은 그가 록 발라드 장인임을 증명해 준 결과물이고 〈멀어져 간 사람아〉는 그 시작이었다.

〈멀어져 간 사람아〉를 들으면 오래된 영사기가 돌아가듯 그 시절의 아련한 풍경 하나가 떠오른다. 안방에 있던 TV에서 종종 볼 수 있었던 대천해수욕장 개장 광고 영상, 그 영상에 배경 음악으로 깔렸던 〈멀어져 간 사람아〉. 나와 동생은 광고 영상을 보고 해수욕장에 가자고 어머니를 조르곤 했다. 내게 〈멀어져 간 사람아〉는 아무것도 걱정할 게 없었던 시절을 추억하게 하는 여름 노래다.

아는 사람이 많지 않은데, 사실 〈멀어져 간 사람아〉는 원곡이 따로 있는 노래다. 이에 관한 이야기를 하려면 먼저 노래를 만든 사람이 누군지 확인해야 한다. 밴드 시나위의 리더 신대철. 그는 1990년에 발표한 시나위 4집 《Four》가 별다른 반향을 일으키지 못하자 밴드 활동을 멈추고 세션 연주자로 여러 가수의 앨범에 참여한다. 그러던 중 시나위에서 한솥밥을 먹었던 김영진(베이스), 오경환(드럼)과 블루스 록 밴드 자유를 결성하고 1991년 처음이자 마지막 앨범인 《Old Passion》을 내놓았다. 이 앨범의 첫 번째 트랙에 〈멀어져 간 사람아〉의 동명 원곡이 실려 있다. 박상민이 부른 노래와 비교해 분위기가 꽤 다르고, 무엇보다도 전문 보컬리스트가 아닌 신대철이 직접 노래를 불렀다는 점이 이채롭다.

〈멀어져 간 사람아〉를 들을 때마다 노래의 주인은 따로 있다는 생각이 든다. 만약 박상민이 〈멀어져 간 사람아〉를 부르지 않았다면, 과연 이 노래가 록 발라드의 명곡으로 이렇게 오랜 세월 동안 대중의 사랑을 받을 수 있었을까. 커버나 리메이크 버전이 원곡보다 더 많이 알려지고 인기를 얻는 경우가 드문데, 박상민은 이를 실력으로 극복하고 완전히 자기 노래로 만들어버리는 괴력을 보여줬다. 뒤늦게 노래가 주인을 찾아간 덕분에 세상에 나오자마자 묻혔던 원곡도 소소하게나마 생명력을 얻었다. 나 역시 박상민 덕분에 원곡에 호기심을 가지게 돼 음반 가게를 뒤져 자유의 앨범을 구했던 사람 중 한 명이니 말이다.

후일담을 꺼내 놓자면, 1994년 여름이 다 지날 때까지 우리 가족이 대천해수욕장에 놀러 가는 일은 벌어지지 않았다. 2007년에 어머니가 갑작스럽게 세상을 떠날 때까지도 우리 가족은 단 한 번도 함께 모여 해수욕장의 바닷물에 몸을 적셔 보지 못했다. 그때 나와 어머니에게 해수욕장에 놀러 가자고 졸랐던 동생도 이제 이 세상 사람이 아니다. 그들은 노래 제목처럼 내게서 멀어져 간 사람이 되어버렸다. 이제 노래 가사처럼 나만 홀로 외로이 바닷가에 서 있다. 그들은 그저 노래 안에 박제된 풍경처럼 살아서 언제 다시 만날지 모를 나를 기다리고 있을 뿐이다. 이별은 경험을 반복해도 늘 새롭다. _정진영

박상민

멀어져 간 사람아

발매일 1994. 03. 01
앨범명 PARK SANG MIN VOL. 2
수록곡
1. 결혼식 날 신부의 아버지(Feat.조규찬)
2. 멀어져 간 사람아
3. 비에 젖은 ㅂ (Remix)
4. 젖은 눈길은
5. 어제처럼 난
6. 타이를 풀고
7. 길
8. 비에 젖은 ㅂ
9. 정열
10. 십 년 후 내 모습

노래 듣기

만화책을 찢고 나온
록 스타

테리우스는 만화 「들장미 소녀 캔디」에 나오는 남자 주인공의 이름이다. 한국에선 주로 긴 머리를 한 미남 연예인들을 부를 때 썼는데, 90년대 가요계에선 〈내가 아는 한 가지〉로 스타덤에 오른 이덕진과 조각가가 꿈이었던 조각남 가수 신성우가 그 부류에 들었다. 몸에 꽉 끼는 올블랙 패션에 중력을 거스른 헤어스타일. 1992년 〈내일을 향해〉를 부르던 신성우의 모습은 아직 하드 록, 헤비메탈을 정식으로 만나기 전인 내가 로커의 매력을 사실상 처음 경험한 순간이었다. 그야말로 '우리에게도 드디어!'라고 할 만한, 키 크고 잘 생기고 가창력 되는 록 스타 한 명이 덜컥 대중 앞에 떨어진 것이다.

　앞서 이덕진 글에서 썼듯 한국 대중이 신성우라는 드문 록 스타를 영접한 1992년은 서태지와 아이들이 가요계를 평정한 해이기도 했다. 그러니까 그해는 서태지라는 잠재적 로커와 신성우라는 전면적 로커가 공존하던 시기였다. 서태지가 록이라는 발톱을 감추고 랩과 댄스로 신을 전복한 한편, 신성우는 반항기 어린 퍼포먼스와 출중한 외모로 록이라는 발톱을 만천하에 드러내며 자신의 길을 갔다. 둘 중 세대 차원 신드롬의 주역은 역시 서태지였는데, 이는 저무는 장르(록/메탈)와 떠오르는 장르(랩/댄스)를 넘어 두 사람의 나이 차(신성우는 67년생, 서태지는 72년생이다)에서도 비롯된 것으로 보인다. 즉 그 당시 신성우는 젊은 대중에게 잘 생긴 오빠, 멋진 형으로 비친데 반해 서태지는 10대들에게 또래의 영웅처럼 보인 것이다. 양현석은 그렇게 불리는 걸 싫어했지만 '아이들'이라는 이름 역시 이 랩 댄스 트리오의 '어린' 이미지에 한 몫 한 건 물론이다. 정통 로커 신성우는 정통 록을 잠시 내려놓은 '시나위 베이시스트 출신' 서태지와 그렇게 합리적으로 상생할 수 있었다. 신성우의 인기는 〈노을에 기댄 이유〉와 〈'친구'라 말할 수 있는 건〉이 수록된 2집에서 정점을 찍었다. 특히 더 진지해지고 중후해진 신성우가 또 하나의 록 발라드 명곡 〈노을에 기댄 이유〉에서 들려준 비탄에 그을린 샤우팅은 아예 '내일을 향해' 가는 한국 록에 불가결한 퍼즐처럼 보이리만치 압도적이었다. 그리고 1년 뒤 세 번째 앨범에서 마침내 〈서시〉가 등장한다.

"중학교 후문 쪽에 살고 있었을 땐데, 갑자기 중학생들이 어깨동무를 하고 제 노래를 부르고 있는 거예요. '쟤들이 내 노래를 어떻게 알지?' 순간 한 대 맞은 느낌이었죠. 마침 가수 생활에 회의감이 들 때였는데, 그 모습을 보고 '난 복 받은 사람이구나.'라는 생각을 하게 됐어요." - 신성우(채널A「엄마의 여행 고두심이 좋아서」인터뷰 중)

중학생은 아니었지만 비슷한 시기 나도 〈서시〉를 즐겨 듣던 고등학생이었다. 감자탕을 먹은 신성우가 작업실 화장실에 앉아 이근상의 기타 연주를 듣다 즉석에서 영감을 얻어 써냈다는 〈서시〉는 처음 들은 그 순간부터 40대를 훌쩍 넘긴 지금까지 내 애창곡으로 남아 있다. 절(어쿠스틱)에서 후렴(일렉트릭)으로 넘어가는 전형적인 록 발라드 형식을 장착한 곡이 가진 애수, 격정, 가사를 나는 모두 좋아했던 것이다. 알려진 대로 이 곡은 먼저 세상을 떠난 신성우의 중학교 절친에 관한 노래. 영화에나 나올 법한 가정사를 겪었던 그 친구와 살아서 약속했던 것들을 살아가며 지키겠다는 신성우의 다짐이 바로 〈서시〉였다.

나는 아직 살면서 친구를 저 세상으로 떠나보낸 적은 없다. 딱 한 번, 가까웠던 은사님이 작고하신 적은 있다. 초등학교 6학년 때 담임 선생님이었는데, 유달리 인간미가 넘쳤던 당신께선 어느 날 중학생이 된 4반 학생들 대여섯 명을 모아 함께 여행을 떠났다. 동해에 갔던 것 같고, 해변에서 한 여가수가 당시만 해도 세상을 떠난 지 얼마 안 된 김현식의 〈내 사랑 내 곁에〉를 부르고 있었던 듯하다. 나중에 안 사실이지만 그 여행 얼마 후 선생님은 삶을 마감하셨다고 한다. 지병을 숨긴 채 평소 아꼈던 제자들과 이별 여행을 하신 거다. 여하튼, 그럼에도 나는 친구를 잃은 신성우의 상심과 그리움을 헤아릴 길은 없지만, 적어도 음악에서 그 감정을 느낄 수는 있었다. 특히 마지막 신성우 고유의 탁한 고음은 한 개인이 감내했을 온전한 상실감으로서 듣는 이에게 그대로 전해진다.

"내겐 사실 다 똑같은 거죠. 음악, 연기 그리고 조각 (……) (물론)마지

막은 음악 하는 사람으로 남고 싶어요." - 신성우(『세계일보』인터뷰 중)

싱어송라이터 신성우는 90년대를 참 알차게 보냈다. 무난한 솔로 활동으로 커리어를 쌓아 장호일(공일오비), 이동규(넥스트)와 결성한 지니의 프런트맨으로서 〈뭐야 이건〉을 불러 또 한 번 주목을 받은 뒤, 2000년작인 《IDENTITY》이후 가수로서 아이덴티티를 긴 잠에 들게 했다. 술에 취해 전봇대 아래에서 만들었다는 드라마 「무사 백동수」삽입곡 〈고여〉가 2010년대의 가수 신성우를 만나게 해주었으나, 과거에 비해선 확실히 소소한 행보였다 이제 사람들은 98년 뮤지컬 「드라큘라」로 처음 무대에 서며 걷게 된 배우의 길과 조각가로서 삶을 두고 신성우를 거론한다. 하지만 나에게 신성우는 언제나 '로커 신성우'다. 그의 말처럼 신성우의 마지막 커리어는 돌고 돌아 '음악 하는 사람'이리라 믿으며, 과거 제목만 같은 명시를 쓴 윤동주와 신성우의 관계에 관해 숱한 추측을 쏟아 내게 한 〈서시〉를 한 번 더 듣는다. _김성대

신성우

서시

발매일 1994. 07. 15
앨범명 SHINSUNGWOO3
수록곡
1. 기쁨이 될것을
2. 초연
3. 천사여 울지 마세요
4. 건달의 허서
5. Rodeo blues
6. 서시
7. 파라프레니아
8. 집에서 온 편지
9. 기쁨이 될것을(Inst.)
10. 서시(Inst.)

노래 듣기

서태지에 열광했던
그 시절의 첫사랑

내가 어릴 때 아이들은 괜히 남에게 과시하려던 성향이 강했다. 비단 그 시대뿐이었으랴. 육체적으로나 인격적으로나 모든 게 덜 여문 아이의 과시욕은 어느 시대, 지역에나 있는 본능 같은 것일 게다. 아이들에게 자신을 과시할 수 있는 가장 직관적인 수단은 역시 패션이었다. 나의 시대는 대략 엘레쎄와 미치코 런던, 헌트와 행텐, 죠다시와 뱅뱅, 써지오 바렌테와 마리떼 프랑소와 저버, 나이키와 리복 정도가 관통하고 있었다. 고약했던 건 집안 형편에 따라 저것들 중 입을 수 있는 옷과 신발에 한계가 있던 것인데, 내 경우엔 미치코 런던과 행텐, 나이키 정도를 어머니를 졸라 입고 신고 다녔던 기억이 난다. 넉넉지 않은 형편에서 무리하셨을 어머니. 나는 철없는 아들이었다.

90년대 초중반, 패션에 이은 아이들의 두 번째 자기 과시 수단은 장기 자랑이었다. 장기 자랑을 펼칠 장소는 주로 봄, 가을 소풍. 중학생 시절 우리 또래는 그 시간만 되면 여지없이 서태지와 아이들의 〈난 알아요〉나 듀스의 〈나를 돌아봐〉 안무를 흉내 내곤 했다. 혹은 집에 조

금 여유가 있던 친구는 그때만 해도 생소했던 키보드를 현장까지 들고 와 공일오비의 〈이젠 안녕〉을 똘마니(?)로 보이는 친구들과 함께 부르며 은근 젠체하기도 했다. 여자아이들이 보내는 선망의 시선을 즐기던 그런 애들은 옷도 꼭 세미 정장을 입어 '난 너희들과 조금 다르다.'라는 투의 메시지를 던졌다. 과시와 과시가 횡행하던 시절, 나는 개념조차 몰랐던 사회/정치학적 계급이라는 걸 어쩌면 그때 막연하게나마 겪었는지도 모르겠다. 보이진 않았지만 집안 형편만으로도 우린 친구 사이를 균열 짓는 계급 의식을 경험한 것이다. 겉으론 별 문제 없어 보였지만, 돌이켜 보면 꽤 뒤틀렸으면서 한편으론 잔인한 시절이었다.

여기까지 쓰는 중 이 글의 주인공이 자연스레 나왔다. 서태지와 아이들. 때는 1993년이었다. 중학교 졸업반이었던 나와 내 친구들이 불과 1년 전 〈난 알아요〉를 경험하고 만난 서태지와 아이들의 두 번째 앨범은 당시 들리는 소문으로만 2백만 장 이상이 팔렸다고 했다. 지금으로선 어마어마한 판매고로 여겨질 수치겠으나 김건모 2집이 2백만 장, 그의 3집이 3백만 장 가까이 나가곤 했던 시절에 서태지와 아이들의 실적은 '놀라웠지만 평범했던' 기록이었다. 요즘 환경에서라면 스트리밍 재생 횟수나 유튜브 조회수로 모두 수렴될 결과다.

중요한 건 그땐 스트리밍도 유튜브도 없었다는 것. 즉 지금은 음악을 들어 보고 피지컬 앨범을 사느냐 마느냐 결정할 수 있지만, 그땐 궁금하면 무조건 사서 들어야 했던 때였다. 돈을 주고 샀으니 아까워서라도 한 곡 한 곡을 꼼꼼히 들은 건 당연한 일이다. 이 버릇은 마음에 안 들면 끄거나 넘겨 버리는 요즘 시대에도 앨범을 통째로 정주행하는 인내로서 내 몸과 정서에 남아 있다. 수많은 앨범들을 처음부터 끝까지 듣고 글을 쓰며 먹고 살아야 하는 나로선 그래서 참 감사한 습관이다.

사실 가요계 '컴백'이란 말은 서태지가 원조였다. 〈난 알아요〉를 투하해 트로트와 발라드가 지배했던 대중가요계를 초토화 시킨 서태지와 아이들은 〈하여가〉를 앞세운 컴백으로 두 번째 초토화를 단행했다. 그리고 한반도 통일을 다룬 〈발해를 꿈꾸며〉를 수록한 세 번째 앨범으로 이들은 내 고등학교 첫 학년 때 두 번째 컴백을 했다. 헤비한 〈교실 이데아〉와 날렵한 〈내 맘이야〉, 〈제킬박사와 하이드〉는 전작의 〈죽음의 늪〉에 이은 '마이클 잭슨 바라기'의 정황인 〈아이들의 눈으로〉와 〈영원(永遠)〉을 압도하며 로커 출신의 서태지가 앞으로 나아갈 길을 노골화 했다. 지금이야 독창성 면에서 자주 구설에 오르내리고 있지만, 그때만 해도 표절 논란이 없던 터라 내 또래들은 거리낌 없이 서태지의 음악을 즐기기만 하면 됐다. 커트 코베인이 90년대 미국 청춘들의 영웅이었듯, 서태지는 90년대 한국 청춘들의 대변인이었다.

데뷔작에서 〈이 밤이 깊어가지만〉의 가사를 쓴 양현석이 하룻밤에 노랫말을 지은 〈널 지우려 해〉는 서태지와 아이들 3집의 마지막 곡이다. 피아노와 팝 멜로디가 곡을 주도하긴 하지만 후렴구에서 터져 나오는 거친 일렉트릭 기타와 곡의 백미인 긴 기타 솔로는 서태지의 본질이 록이라는 사실을 마지막까지 외치고 있다. 서태지 자신이 3집에서 "가장 얼터너티브 록 정신에 입각해 있다."라고 말한 이 곡을 듣고 있으면 나는 그로부터 1년 전 중학교 때 만난, 대전에서 전학 온 한 소녀가 떠오른다. 유재하의 〈사랑하기 때문에〉와 공일오비의 〈텅 빈 거리에서〉를 좋아했던 그 애는 처음엔 친구였지만 잠시나마 서로에게 호감을 가졌던 존재이기도 했다. 첫사랑이라기엔 뭔가 모자랐지만 그렇다고 아무 의미 없었던 감정으로 치부하기에도 어딘가 아쉬운, 그맘때의 서툰 감정을 느끼게 했던 그 아이는 결국 아빠의 직장을 따라 다시 고향으로 돌아갔다. 내 친구의 여자 친구였다가 나와 잠깐 만난 뒤, 또 다른 내 친구에게 마음을 주며 우리를 들었다 놨다 했던 그 아이는 어쨌거나 태어나 처음으로 내가 이성에게 두근거리는 마음을 갖게 한 사람이었다. 잠시나마 그 친구와 보낸 기억은 서태지와 아이들의 전성기가 내게 남긴 사춘기의 생채기였달까. 그러고 보면 〈널 지우려 해〉라는 노래 제목과 그 노래의 가사는 고등학교 진학과 함께 멀리 떠난 그 애를 향한 열여섯 내 마음이기도 했다. _김성대

서태지와 아이들

널 지우려 해

발매일 1994. 08. 13
앨범명 SEOTAIJI AND BOYS Ⅲ
수록곡
1. Yo! Taiji
2. 발해를 꿈꾸며
3. 아이들의 눈으로
4. 교실 이데아
5. 내 맘이야
6. 제킬박사와 하이드
7. 영원(永遠)
8. 발해를 꿈꾸며(Inst.)
9. 널 지우려 해

노래 듣기

Chapter

2

1995~1999:

록의
전성시대

비로소 터진 감정, 모든 것이 노래가 되던 때

거부할 수 없는
허스키

언젠가부터 잘 보이지 않게 되었지만, 고혹적인 허스키 보이스가 주는 감흥을 거부하긴 힘들다. 브라이언 애덤스, 로드 스튜어트, 보니 타일러는 걸걸하고 거친 목소리로 자신만의 프로필을 완성한 허스키 보컬의 대표격이다. 영미권에서는 허스키 대신 '목이 쉰(Hoarse)'이란 단어를 더 자주 사용하는데, 그렇다고 우리에게 익숙한 표현을 굳이 바꿀 이유는 없을 것이다. 2015년 『동아사이언스』에 실린 기사엔 이런 언급이 있다. "통상적인 좋은 목소리와는 구별되는 허스키 보컬은 중후한 울림이 있을 때 매력이 배가된다." 다수가 좋아하지는 않더라도 확실한 지분이 있다는 말이다. 〈영원히 내게〉 역시 동굴과도 같은 깊은 울림을 가진 보컬을 들려주는 곡이다.

그런데 안상수가 원래부터 이런 허스키 보컬을 구사했던 것은 아니다. 동생 안상진과 결성했던 듀오 수와 진 시절의 음성을 들어보면 그는 맑고 고운 소리를 내는 가수였다. 그렇다면 허스키 보컬이 된 데에는 뭔가 사연이 있었을 터. 1995년 노래 발표 당시 일간지 인터

뷰를 찾아보면 그가 의도적으로 목소리를 변화시켰음이 확인된다.

대체 그 사연은 무엇이었을까? 이 노래가 나오기 6년 전인 1989년 1월 1일로 거슬러 올라간다. 안상진은 한강 둔치를 산책하다가 괴한 무리에게 무차별 폭행을 당했고, 그로 인해 세 차례 뇌 수술을 받는 등 생명이 위태로운 지경에 처하게 된다(경찰의 수사에도 불구하고 범인은 잡히지 않았다). 천만다행으로 치료가 잘 되어 안상진은 목숨을 구할 수 있게 되었지만, 그의 가수 생명은 끊기게 되었고 은퇴 수순을 밟게 된다. 동생에게 벌어진 큰일 앞에서 형도 전과 같을 수는 없었다. 안상수는 "혼자 나서는 게 동생에게 충격을 줄 수 있을까 봐" 걱정했고, 다시 무대에 서는 걸 주저했다. 가족의 불행을 곁에서 지켜봐야 했던 사람이라면 그 누구라도 그랬을 것이다. 그러니 공명심이나 인기 같은 건 정말 아무것도 아니었다.

그렇게 5년이 훌쩍 지났다. 언제까지나 숨어 있을 수 없었던 안상수는 용기를 내어 홀로 마이크를 잡게 된다. 하지만 수와 진이라는 페르소나는 동생의 부재와 함께 버려져야만 했고, 그는 아예 다른 스타일로 승부를 걸어 왔다. 농익은 솔풍 보컬, 질러대는 창법, 강렬함을 배가하는 기타 솔로. 진심은 먹힌다고 곧바로 반응이 왔다. 곡은 다운타운과 길보드를 잠식해 들어가더니 이내 지상파 가요프로그램까지 접수해 버렸다.

유튜브에 가면 그 시절 TV에 출연했던 안상수의 모습을 볼 수 있다. 여전히 댄스 가요가 주를 이루긴 했지만, 1990년대 중반은 록 발라드가 막 폭발했던 시점이었다. 뱅크의 〈가질 수 없는 너〉, 김정민의 〈슬픈 언약식〉이 이 노래가 나왔던 1995년에 쏘아 올려진 곡이었다.

예전이 더 좋았다는 건 아니지만 그래도 뭔가 메인스트림 가요 시장에 '다양성'이 존재하던 시절이었다. 이런 어덜트 컨템퍼러리 풍 소프트 록 발라드가 차트 상위권에 머물렀다는 건, 2024년의 문맥으로 바라보면 매우 신기한 일이다. 하지만 실제로 그런 일이 있었다.

이 노래를 처음 알게 된 건 1996년, 한 지상파 가요 프로그램을 통해서였다. 안상수는 높이 솟은 사다리형 의자 ─ 지금 기준으로 본다면 안전 불감증에 가깝다 ─ 에 앉아 이 곡을 열창했는데, 객석의 리액션은 꽤나 뜨거웠던 것으로 기억한다. 죄다 노래를 따라 불렀다. 그 이후 안상수의 히트곡은 없다시피 했지만, 그런 건 중요하지 않았다. '뜨거웠던 한 번의 분출'조차 없는 숱한 가수들에 비하면 그는 축복을 듬뿍 받았던 사람이었으니까.

형제 밴드는 음악 역사에 너무나 많았지만, 그렇다고 그 모두의 결말이 좋았던 건 아니었다. 아름다운 보컬 하모니를 이루었던 에벌리 브러더스는 돈과 필로 구성된 형제 팝 듀오였다. 그러나 '재앙'이라고 묘사된 그들의 관계는 최악이었다. 격해진 필은 무대에서 기타를 부수고 내려왔으며, 돈은 그 없이 공연을 마무리 지으며 남보다 못한 사이가 되었다. 브릿팝 최고의 밴드로 손꼽히는 오아시스. 그룹의 두 핵인 보컬리스트 리엄 갤러거와 기타리스트 노엘 갤러거는 경쟁 심리와 감정 다툼으로 인해 갈라섰다(가 재결성했다. 정말 미래란 아무도 모르는 것이다).

그럼 우리의 수와 진은 어떻게 되었는가? 〈영원히 내게〉의 히트로 인해 잠시 미세한 갈등의 선이 그어진 건 사실이었지만, 형제는 오해를 풀었다. 피는 물보다 진한 법이다.

간만에 안상수의 허스키 보컬을 듣는다. 이 노래의 진정한 흡인력은 상대를 그 누구로 상정해도 뜻이 통한다는 것이다. 빈칸에 연인, 형제, 친구, 반려동물은 물론 신까지 다 넣을 수 있다. 상상력이 발휘될 수 있다는 말인데, 그래서 더 멋진 노래다. _이경준_

안상수

영원히 내게

달매일 1995. 03. 01
앨범명 영원히 내게
수록곡
1. 영원히 내게
2. 너의 곁에 머물고 싶어
3. 처음 그 느낌으로
4. 외로움만 더할뿐
5. 그대 있기에
6. 지울 수 없는 슬픔
7. 영원한 사랑
8. 이별 속에서
9. 내가 바라는 건
10. 너를 미워 할수 있다면
11. 새로운 나

노래 듣기

사랑보다 위대한
사랑 노래

연인 간의 사랑은 등가교환이 아니다. 그래서 시인 보들레르가 『내면일기』(1887)에서 사랑을 '외과 수술이나 고문'에 비유한 건 탁월했다. 한쪽의 마음이 더 커진 순간(필연적으로 그렇게 될 테지만), 저울의 균형은 붕괴된다. 주도권이 생겨난다. 더 많이 사랑하는 쪽이 수술 집도의가 되고, 덜 사랑하는 쪽이 환자가 된다. 갑을이 만들어진다. 을로 밀려난 사람은 고통받게 된다. 왜 내가 더 사랑하게 되는 걸까.

그래도 연인 간의 비대칭 구도는 낫다. 감정을 공유한다는 만족감이라도 있기 때문이다. 짝사랑은 근본적으로 답이 없다. 이 경우는 당사자가 '감정의 관계망' 속에 들어갈 수 없다는 점에서 더 비참하다. 나는 너를 바라보고, 너는 그를 바라본다. 슬픈 연애의 삼각형 완성.

여기 세 남녀가 얽혀 있다. 남자는 여자를 사랑하지만 여자는 다른 남자를 사랑한다. 여자는 막 연인과 결별한 듯 보이는데, 그녀는

술에 잔뜩 취한 채 남자를 부른다. 남자는 여자를 남겨 둔 채 집으로 돌아오면서 목까지 차오른 말을 그대로 삼킨다. 아마 그 말은 "사랑해."였을 텐데, 만약 남자가 그 말을 입밖으로 내뱉었다면 여자와의 관계는 바로 종식되게 될 것이다. 아주 높은 확률로.

남자는 자신이 가장 하고 싶은 말을 참음으로써 어떻게든 여자와의 사이를 유지하려 한다. 나는 너와 사귀지는 못하지만 이렇게라도 너의 곁에 머물 수 있다. 여자도 남자의 마음을 알지만 그를 밀어내지는 않는다. 그것이 가능한 이유는 그가 자신에게 "사랑해."라는 말을 하지 않았기 때문이다. 사랑과 우정 사이에서 벌어지는 이상한 줄타기. 하지만 남자는 이 서사의 끝을 알고 있다. 이루어질 수 없는 사랑. 슬픔은 나의 것. 나만의 것 슬픔.

스무 살. 나는 매사에 서툴렀고 연애에 있어서는 더욱 그러했다. 애매한 친구 사이를 청산하고 싶었던 어느 날, 술에 취한 채 그녀에게 고백을 했다. 그날 알았다. 그녀는 내가 아닌 사람을 사랑하고 있었고, 얼마 전 사귀기로 했다는 사실을.

미안해.

거절 사인이었다. 저 안에서 뭔가가 찢어졌다. 이미 답을 알고 있었지만 그렇게라도 확실한 말을 듣고 싶었다. 집으로 가는 버스 안, 눈물이 흘러내렸다. 사랑하는 마음만으로는 충분치 않았다. 그저 짝사랑 하나가 빛을 잃었을 뿐인데, 성숙하지 못했던 나는 세상을 잃은 듯 무너져 내렸다(사실 그런 걸로 세상이 무너질 수 있었다면 지구는 진작에 멸망했으리라). 그날 밤새 이 노래를 들었다. 달라지는 건 아무것도 없었지만 저기 비슷한 생각을 가진 사람 하나가 더 있다는 것만으로도 조금은 위안이 되었다.

〈가질 수 없는 너〉는 1995년 작곡가 정시로가 결성한 프로젝트 그룹 뱅크의 1집에 수록된 록 발라드다. 원래 정시로 본인이 부르려던 건 아니었고 신인 보컬리스트를 위해 쓴 곡이었는데, 어느 순간 작곡가는 그 친구가 제대로 준비되지 않았다고 판단했다. 어쩔 수 없이 정시로 자신이 마이크를 들고 노래하게 되는데, 이게 신의 한 수였다. 그야말로 대박이 터진 것. 노래는 라디오에서, 동네 음반점에서, 학교 방송국에서 날마다 울려 퍼졌다. 노래방 단골 레퍼토리가 되면서 〈가질 수 없는 너〉의 생명력은 오래 지속되었는데, 이 글을 읽고 있는 순간에도 어딘가에서 부르고 있는 사람이 있을 것이다.

록 발라드라는 장르 특성상 감정 이입은 필수적인데, 나는 이 곡만큼 아픈 짝사랑을 정확히 건드린 곡을 들어 보지 못했다. 사랑은 주는 대로 돌려받는 것이 아니라는 걸, 포기해야 하는 사랑이 있다는 걸, 짝사랑이란 구차하다는 걸, 나는 이 노래를 통해 배웠다. 되지도 않는 악을 써가며 불러 보았던 노래는 이게 처음이자 마지막이었다. 누군가에게 들려주고 싶어서 부른 노래가 아니었다. 지질하고 한심한 내 자신에게 보내는 노래였다. 그렇게라도 해야만 좀 시원해질 것 같아서였다.

하지만 나는 동일한 실수를 반복했고 거지 같은 짝사랑 전문가가 되었다. 이성은 감정을 제어하지 못했다. 다시는 빠져들지 말자고 결심했던 급류에 또 휩쓸렸다. 똑같은 실패를 맛봤다. 수많은 오해와 착각에 휘말렸고, 야속하게도 후회는 나중에 찾아왔다. 그때마다 이 노래가 흘러나왔다. 언제나 노래는 거기 있었다. 수치심과 부끄러움으로 가득한 나의 20대와 함께.

사랑은 비루하지만, 사랑보다 위대한 사랑 느래들은 있다. 〈가질 수 없는 너〉가 그런 노래다. 록 발라드가 왜 사랑을 다루는지, 왜 괴로움을 다루는지, 왜 처절한 송가인지 이것만큼 잘 증명한 노래는 없다.

노래의 주인은 잘 알고 있었다. 짝사랑의 감정은 예술가만 경험하는 것도 아니고, 특정 세대만 경험하는 것도 아니다. 사람인 이상 모두가 대면하는 문제다. 그래서 인류가 존재하는 한 영원히 살아남을 테마이다. 그 보편적인 감정을 제대로 포착해 넣기에, 〈가질 수 없는 너〉는 우리들의 '보편적인 노래'가 되었다._이경준

뱅크(Bank)

가질 수 없는 너

발매일 1995. C5. 01
앨범명 The BANK
수록곡
1 10048282(Studio 현장 녹음)
2. 야누스의 이별
3. 어느 피로연에서
4. 아버지전상서
5. Lovely Tonight(혼자가 된 지금에야)
6. 가질 수 없는 너
7. 편견
8. 단절
9. 그대 내 품에

노래 듣기

조건 없는 사랑의
아름다움을 외치는 찬가

어떤 노래는 세월이 흐르고 삶의 경험치가 쌓여야 비로소 이해할 수 있다. 젊은 시절에 들었을 때와 나이 들어 들었을 때 다른 느낌으로 다가오는 이상은의 〈언젠가는〉 같은 노래처럼. 그런데 참 이상한 일이다. 이상은이 〈언젠가는〉을 썼을 때 나이는 고작 20대 초중반이었다. 이상은은 어떻게 그 나이에 인생을 달관한 듯한 노래를 쓸 수 있었던 걸까. 이런 극적인 시차를 어떻게 이해해야 할까. 그게 영감인가 보다. 가끔 신내림 하듯 느닷없이 작품으로 찾아와 드리워지는, 뮤지션 본인도 이해할 수 없는 무형의 축복. 그런 축복은 대개 젊은 천재들의 몫이다. 20대를 넘긴 뒤에 위대한 작품을 내놓은 뮤지션이 거의 없는 걸 보면 말이다.

1990년대는 '가요계의 황금기'라고 불렸던 시절답게 그 어느 때보다 재능이 넘치는 젊은 뮤지션이 넘쳐났다. 가요계를 넘어 문화계 전반을 흔든 서태지를 비롯해 신해철, 이현도, 박진영, 이승환, 이적, 유희열, 윤종신 등 지금까지도 영향력을 미치고 있는 뮤지션 상당수가 이 시절에 데뷔하지 않았는가. 이들만큼은 아니어도 한때 꽤 괜찮은 폼을 보여줬던 뮤지션이 여럿 있었다. 김준선이 대표적이다. 그가 1992년에 발표한 데뷔 앨범의 타이틀곡으로 서태지와 아이들의 〈하여가〉와 정상을 두고 다퉜던 〈아라비안 나이트〉, 이듬해 내놓은 2집의 히트곡 〈마마보이〉를 기억하는가. 지금 들어도 소재와 음악 모두 '파격적', '실험적'이라는 흔한 수식어가 잘 어울리는 노래다.

여기서 그쳤다면 김준선을 오래 기억할 이유가 없다. 솔로 활동을 잠시 멈춘 그의 선택은 밴드였다. 김준선은 1995년 컬트를 결성해 첫 앨범 《Welcome.....》을 발표한다. 그는 이 앨범을 통해 불멸의 록 발라드 〈너를 품에 안으면〉을 선보이며 절정에 달한 창작력을 과시했다. 한번 들으면 잊을 수 없는 '싸비'를 전주도 없이 바로 들려주는 자신감, 누군가를 진심으로 깊이 사랑해 본 경험이 없다면 쓸 수 없는 서정적이면서도 애절한 가사, 몽환적이면서도 세련미 넘치는 편곡. 당시 김준선은 괜찮은 뮤지션 중 한 명이라고만 부를 수 없는 경지에 도달해 있었다.

하지만 철없던 시절의 나는 이 노래의 가치를 알아볼 준비가 전혀 되어있지 않았다. 민머리에 안경을 쓰고 표정을 찡그린 채 다소 목이 쉰 듯한 허스키 보이스로 노래를 부르던 보컬리스트 손정한의 모습만 보일 뿐이었다. 나는 가요 순위 프로그램 무대에 선 컬트의 모습을 보고 "간디가 힘겹게 노래를 부른다."라며 낄낄거릴 뿐 별 관심을 가지지 않았다. 당시 사춘기였던 내게 컬트는 그다지 멋이 없는 밴드였다. 넥스트처럼 음악도 훌륭하면서 비주얼에 '간지'가 흐르는 밴드가 이미 활약하고 있던 시절이었다. '간디'가 노래하는 컬트가 내 눈에 들어올 리가 없었다. 그저 비주얼이 '컬트적인' 밴드였을 뿐이었다.

〈너를 품에 안으면〉이 다시 귀에 들어온 때는 꽤 오랜 세월이 흘러 사랑과 이별을 경험하고 나름 인생의 단맛과 쓴맛을 본 뒤였다. 서로에게 품을 내주며 나누는 체온이 가진 게 없어 불안한 이들에게 얼마나 큰 힘이 되는가. 아무것도 계산하지 않는 사랑이란 얼마나 귀하고 대단한 일인가. 내 머릿속에 담겨 있던 이 노래는 이미 알고 있었다. 그런 체온을 나눌 사람이 없어서 슬플 때, 나는 홀로 오락실 노래방으로 향했다. 술에 적당히 취한 채 마이크를 붙잡고 가슴에 꽂힌 가사를 하나하나 곱씹으며 노래하다 보면, 가슴속에서 무언가 북받쳐 올라 눈물을 밀어내곤 했다. 비록 1절을 다 부르기도 전에 목이 쉬어버릴지라도 그 순간만큼은 속이 시원했다.

나만 이 노래를 제대로 알아보지 못한 건 아니었다. 〈너를 품에 안으면〉은 발표 당시 차트 상위권 언저리에 근근이 머무르다가 사라졌다. 컬트 역시 2년 후 앨범 한 장을 더 낸 뒤 동력을 잃고 해체됐다. 그 사이에 김준선은 컬트의 베이시스트 박진원과 함께 뷰투(View To...)라는 유닛을 결성해 앨범 《Big Bang》을 내놓았지만 큰 주목을 받진 못했다. 김준선은 2000년대에 들어와 이주노의 첫 솔로 앨범 《6 Mill Bionic Jono》를 프로듀싱하고, 영화 「비천무」의 OST에 참여해 이승철의 히트곡 〈말리꽃〉을 작곡하는 등 무대 뒤에서 행보를 이어갔지만, 이후 눈에 띄는 성과는 없었다. 그렇게 김준선도, 컬트도, 〈너를 품에 안으면〉도 잊히는 듯했다.

그런데 희한한 일이다. 김준선이 솔로 시절 부른 파격적이고 실험

적인 히트곡을 기억하는 이는 점점 줄어들고 있는데, 〈너를 품에 안으면〉은 한국 록 발라드의 클래식으로 자리 잡아 과거보다 더 많은 사랑을 받고 있으니 말이다. 코인 노래방에서 연인을 앞에 두고 못에 핏대를 세우며 사랑을 외치는 록 발라드를 부르는 젊은 남자의 모습은 아무리 서툴러도 풋풋하고 아름답다. 대책 없이 사랑만을 외치는 모습이 촌스러워 보이는 시대라지만, 한편으로는 그런 사랑에 목마른 이들이 많아졌기에 〈너를 품에 안으면〉이 세대를 초월해 생명력을 얻은 것 아닐까. 사랑, 참 좋은 거다. _정진경

Welcome .....

컬트(Cult)

너를 품에 안으면

발매일 1995. 07. 01
앨범명 Welcome.....
수록곡
1. 愛人 I
2. 愛人 II
3. 공자의 아들
4. 너에게로(Just You)
5. 사랑하기 위해
6. 너를 품에 안으면
7. 내가 느끼는 너(My Love Style)
8. 널 위해
9. 오직 너
10. 내가 느끼는 너(My Love Style)(Inst.)

노래 듣기

김정민을 좋아했던
동갑내기 그녀

대학에 들어가 잠깐 만난 동기 여자 친구가 있었다. 약간의 썸을 타던 때, 전공 수업이 끝나고 책상에 엎드려 있던 나에게 그 애가 고백 비슷한 내용이 담긴 쪽지를 주면서 짧은 연인 사이로 발전했다. 그친구는 'C'라고 하겠다. 사실 말이 연인이지, 그리 대단한 사이는 아니었다. 남들이 '손만 잡고 잘게.'라고 속삭이던 때 나는 정말로 손만 잡아보고 그 애와 헤어졌기 때문이다. 어쩌면 이성 간 사귄다는 개념조차 정립이 안 돼 있던 나 같은 인간에겐 사실 스무 살 연애는 가당찮은 것이었는지도 모른다. 게다가 과 커플이란 게 그때만 해도 주위 선후배, 동기들의 수많은 (질투 어린) 눈총을 받아야 했던 터라 당사자들로선 학교생활 자체가 곤욕이기도 했다. 구석구석 잠복해 있던 '인간 CCTV'들 때문에 둘이서 어딜 다닐 수가 없었던 것이다. 그나마 C가 관심을 가졌던 학생운동 덕분에(?) 서울에서 열린 한총련 집회에 기차 타고 함께 간 일이 유일한 데이트였을까. 그마저도 기차역에서 기다리고 있던 전투 경찰들 때문에 대번에 박살 난

낭만이었지만.

음악에서만 보자면 나는 한창 록 음악과 밴드 생활에 심취해 있을 때였고, C는 민중가요와 일반 가요에 빠져 있을 때라 우린 어차피 사소한 것부터가 맞지 않았다. 결정적이었던 건 그해(1997년) 개봉한 제임스 카메론의 「타이태닉」을 "미국 영화는 보면 안 된다."라는 지령을 받은 C의 입장 때문에 놓친 일이다. 록과 헤비메탈은 미국을 빼고선 성립할 수 없으니 미국을 싫어하는 사람과 멀어지는 건 당연지사였다. 그럼에도 이래저래 입대 전까지 관계는 유지됐지만, 돌이켜 보니 그 시절 나는 그저 '옹졸한 관종'에 불과했다. 잘 삐치고, 그런 식으로 남의 관심을 얻으려 했으며, 내성적인 데다 늘 과 집단을 겉도는 아웃사이더였다. 함께 있는 사람에겐 참 피곤한 성격이었을 거다. 때는 바야흐로 '삐삐'의 시절. 드디어 올 게 왔으니 C의 이별 통보였다. 같이 가기로 한 수업에 내가 무단결석을 한 것이다. 더는 안 되겠다 싶었는지 C가 음성 메시지로 단호하게 헤어지자는 말을 남겼고, 그걸로 우리 사이는 끝이었다. 찌질한 녀석이 또 자존심은 있어서 당장 그 상황을 받아들이지 못해 C에게 공허한 음성 메시지와 호출 번호를 잔뜩 남겨도 본 것 같지만, 그 애는 내 인생에서 더 이상 '대답 없는 너'였다.

이 관계의 백미는 내 입대 전날이었다. 마지막 인사를 하겠답시고 C의 집 앞에 찾아간 것인데(맙소사!), 그 친구는 이미 다른 애인을 사귀던 때였다. 누가 봐도 최악의 상황에서 나는 옛 연인의 얼굴만 보고 '친구로서' 잘 갔다 오라는 배웅을 받았다. 다음날 군대 가는 버스 안에서 옆에 따라와 준 A에게 나는 마지막으로 C에게 전해 주라며 건스 앤 로지스의 〈November Rain〉 싱글을 건네준다. 미련 반 정리 반이었던 그 선물은 그렇게 짧았던 내 대학교 1학년 연애를 닫아 주었다. 그로부터 30년 가까이 흐른 지금, C는 이제 지천명을 바라보는 누군가의 엄마로 살고 있을 것이다(결혼해 아이를 낳았다는 소식을 들은 것 같다). 세월은 이토록 아무렇지 않게 흘러간다.

그런 C가 가장 좋아했던 가수가 김정민이었다. 마치 성시경처럼, 왜 그렇다 꼬집어 말할 순 없지만 유독 남자들에겐 거부감을 불러일으켰던 가수. 특히 찢어진 청바지에 찌를 듯한 눈빛, 과장된 창법과 절제된 동작으로 뭇 소녀들 가슴에 불을 지핀 그의 〈슬픈 언약식〉은 당대를 사로잡았다. 90년대 작사계 전설인 박주연의 가사에 〈나만의 슬픔〉과 〈나를 슬프게 하는 사람들〉, 〈나 가거든〉과 〈To Heaven〉 등으로 유명한 이경섭의 멜로디가 합류했으니 히트는 불 보듯 뻔했다.

나는 제목에서 '언약'이라는 말에 눈이 갔다. 언약은 말로 하는 약속이다. 따라서 가볍고, 언제든 깨질 수도 있는 것 또한 언약이었다. 결혼으로 보이는 행복해야 할 언약식에 '슬픈'이라는 전제를 단 건 그런 언약의 생리가 부정적(가벼움)으로 흘러갔다는 정황이다. 이 시절 이 곡과 비슷한 주제, 정서를 지닌 발라드 중 김경호의 〈금지된 사랑〉과 윤종신의 〈너의 결혼식〉이 있었다. 전자는 축복을 받지 못한 결혼을 다뤘고 후자는 날 떠난 너의 결혼을 다뤘다. 김정민의 노래는 이 중 전자에 가깝다. 축복을 사람들이 아닌 하늘이 하고 있는데다, 언약식 뒤 하나가 될 상대는 슬퍼서 울고 있기 때문이다. 지금 들으면 조금 유치할 수도 있지만 그 시대엔 이런 가사가 여성들

의 마음을 얻었다. 물론 C와 나의 이야기는 윤종신 노래 쪽으로 더 기울었지만.

당시 스물여섯 살이었던 김정민은 〈슬픈 언약식〉을 자신의 인생곡이라고 밝혔다. 〈휴식 같은 친구〉의 길민우도 한때 몸담았던 경원전문대 스쿨밴드 '보헤미안'에서 베이스를 쳤던 그래서 언젠가 밴드를 결성해 '정통 록'을 하고 싶었다는 그는 자신의 노래 비법을 "공기 반, 노래 3, 고통 2의 창법"이라고 했다. 그 안에 고통이 들어간 건 〈그대 사랑 안에 머물러〉로 활동할 때까지 다섯 식구가 판자촌 단칸방에서 생활하다 〈슬픈 언약식〉으로 「가요톱텐」 골든컵을 수상, 비로소 각방을 쓸 수 있는 집을 마련했기 때문이다. _김성대

김정민

슬픈 언약식

발매일 1995. 11. 01
앨범명 4Love
수록곡
1. 슬픈 언약식
2. Love Potion No.9
3. 마지막 약속
4. 상상(相相)
5. 언제나 항상 내곁에
6. 붐붐붐
7. 이젠 다시
8. Good Bye
9. 마지막 약속(Hidden Track)

노래 듣기

록 발라드가 도달한
가장 우아한 봉우리

전율. 내가 정경화의 〈나에게로의 초대〉를 처음 들었을 때의 감정을 정리할 단어는 이 두 글자만으로도 충분이다. 노래를 잘 부르는 보컬리스트는 많이 봤다. 하지만 노래를 가지고 놀며 부른다고 느끼게 하는 보컬리스트는 정경화가 처음이었다. 블루스와 록 사이의 어딘가를 유영하는 단단하고 개성 있는 음색. 절묘한 타이밍에 밀고 당기며 듣는 사람과 마치 대화를 나누듯이 노래를 부른다. 때로는 벼락처럼 날카롭게 찌르지만 고통스럽진 않다. 맛있는 매운 음식을 먹었을 때처럼 기분 좋은 쾌감이 몸을 감싼다. 이 노래를 들으면 '음악은 합법적인 마약'이라는 우스갯소리가 더는 우스갯소리로 들리지 않는다. 이 노래를 듣는 4분 42초라는 짧은 시간만큼은 정말로 그런 기분을 느낄 수 있으니까.

노래를 잘 부른다는 기준은 무엇일까. 음정과 박자만 정확하게 불러도 일단 먹고 들어간다. 이 두 가지를 제대로 소화하지 못하는 사람이 대부분이기 때문이다. 믿기지 않는다면 본인이 가장 자신 있는 노래를 불러 녹음해 들어보라. 내가 이렇게 노래를 못 불렀나 싶어서 얼굴이 화끈거릴 테다. 심지어 노래로 밥벌이하는데도 음정과 박자를 제대로 못 지키는 이가 많다. 그다음에는 음색이다. 어쩔 수 없다. 이건 타고 나야 한다. 좋은 음색은 축복이다. 음색이 좋으면 틀린 음정과 박자가 개성으로 들릴 정도이니 말이다 그런데 음색이 좋은 보컬리스트는 대개 음정과 박자도 정확한 편이다. 맛있는 식당은 밑반찬부터 맛있듯이 말이다.

그런데 이상한 일이다. 기본을 완벽하게 갖춘 보컬리스트가 멋지게 노래를 부르는데도 무덤덤하게 느껴질 때가 있다. 반면 아마추어가 어설프게 노래를 부르는데 감동을 줄 때도 있다. 보컬리스트는 단순히 노래를 부르는 존재가 아니라, 노래를 해석해 전달하는 존재이기 때문이다. 때로는 노래를 만든 사람보다 부르는 사람이 그 노래에 관해 더 잘 알 수도 있다. 보컬리스트가 어떻게 해석하느냐에 따라 같은 노래를 불러도 천차만별로 들린다. 정경화는 정상급 기술은 물론 탁월한 해석력까지 겸비한 '만렙' 보컬리스트라고 할 수 있다.

그런데도 정경화에 관해 알려진 정보가 그리 많지 않다. 냉정하게 말해 정경화는 '원 히트 원더'다. 정경화는 1993년에 첫 솔로 앨범을 냈으나 묻혔고, 1996년에 발표한 2집 《My Blue Dreams》에 실린 〈나에게로의 초대〉가 인기를 끌며 이름을 알렸지만, 이후 이 노래만 한 히트곡을 내놓진 못했다. 1999년에 발표한 3집 《Present》의 타이틀곡 〈지상에서 영원으로〉가 조금 알려졌을 뿐이다. 2005년에 발표한 4집 《화답》과 그즈음에 나온 몇몇 OST 이후로는 앨범 활동도 없다.

도대체 어디서 이런 괴물 같은 보컬리스트가 갑자기 나타났다가 갑자기 보이지 않는지 의문이라면, 정경화에 관한 몇 안 되는 정보 중 하나가 해답이 될지 모르겠다. 정경화는 밴드 신촌블루스의 객원 보컬리스트 출신이다. 신촌블루스가 어떤 밴드인가. 한영애, 김현식, 박인수, 권인하, 정서용, 이은미, 강허달림 등 여러 전설적인 보컬리스트의 산실 아닌가. 신촌블루스에서 노래를 불렀다는 경력은 실력을 보증하는 수표나 다름없다. 유튜브에 남아있는 정경화의 몇 안 되는 라이브 영상을 감상해 보라. 많이 놀랄 것이다. 무대를 놀이처럼 즐기는 태도부터 노래는 물론 관객까지 조련하는 몸짓까지. 스튜디오보다 라이브가 훨씬 좋은 흔치 않은 무대를 보게 될 테니 말이다.

아무리 보컬리스트의 실력이 뛰어나도 좋은 멜로디와 가사가 없으면 그 실력을 펼칠 수가 없다. 〈나에게로의 초대〉의 멜로디는 기타리스트 이태섭의 작품이다. 이태섭은 한국 록에 관심이 있다면 결코 지나칠 수 없는 이름이다. 한국 최초의 스래시 메탈 밴드 아발란시의 기타리스트였고, 1990년대 초중반에는 김성면과 K2라는 걸출한 밴드를 결성해 여러 록 발라드 명곡을 내놓았던 주역 아닌가. 〈나에게로의 초대〉는 이태섭이 만든 멜로디의 절정이라고 할 만하다. 또한 이태섭은 이 노래에 강렬한 일렉트릭 기타 솔로까지 보태며 지워지지 않을 흔적을 남겼다. 이태섭은 정경화의 또 다른 작은 히트곡인 〈지상에서 영원으로〉를 작곡하며 다시 한번 인연을 이어갔다. 한 편의 서정시를 방불케 하는 아름다운 가사는 김민종, K2, 김현정의 앨범에 참여했던 작사가 김형수의 작품이다. 김형수 또한 자신이 쓴 최고의 가사를 이 노래에 붙였다. 공교롭게도 최고의 보컬리스트, 한

창 물이 오른 작곡가와 작사가가 한 노래로 만났다. 이 노래가 세월을 타지 않는 한국 록 발라드의 명곡으로 남은 게 우연은 아닐 테다.

이제 더는 눈에 띄게 활동하고 있진 않지만, 정경화를 '원 히트 원 더'라고 부르기에는 지금까지 남아있는 존재감이 너무나도 크다. 대한민국에서 노래를 좀 한다는 여성 보컬리스트 중에서 〈나에게로의 초대〉를 커버하지 않은 사람이 드물고, 그 누구도 정경화를 넘어선 특별한 무언가를 보여주지 못했다는 게 증거 아니겠는가. 〈나에게로의 초대〉는 오랜 세월이 흐른 지금도 여전히 한국 록 발라드가 도달한 가장 우아한 봉우리로 남아 있다. _정진영

정경화

나에게로의 초대

발매일 1996. 04. 01
앨범명 My Blue Dreams
수록곡
1. 슬픈 사랑의 노래
2. 나의 곁에서
3. 나에게로의 초대
4. 내 노래를 듣고 있다면
5. 매일 헤어지는 연인
6. 이유
7. 사랑은 비가 되어
8. 시간이 멈춰버린
9. 진혼곡
10. 슬픈 사랑의 노래

노래 듣기

절충과
타협

1990년대로 접어들며, 얼터너티브 록의 기운이 한국에 이식되었다. 태초에 H2O가 있었다. 곧이어 유앤미블루가 출현해 영미권의 경향을 알렸다. 록은 점점 트렌디해졌다. 새로운 물결을 타는 중이었다. 그 흐름 어딘가에 포커페이스라는 팀도 있었다. 포커페이스는 홍콩에서 고등학교를 다니며 친해진 두 청년, 표건수와 권태욱이 결성한 듀오로 〈그때〉와 같은 모던한 색채의 록 음악을 연주했다. 하지만 당대 여러 밴드가 그랬던 것처럼 그들의 1집 《One Pair》(1994)는 철저히 외면당하고 만다. 그렇게 포커페이스라는 사라졌지만, 여기서 포기할 수 없었던 둘은 5인조로 세를 확장한다. 할리퀸이었다.

할리퀸이 얼마간 주목받게 된 건 1집 《비상(飛上)》(1996)에 수록된 이 곡 〈널 잊진 못할꺼야〉('못할 거야'가 맞는 표현이겠지만, 원곡자의 표기를 존중하기로 한다) 덕택이었다. 권태욱의 애절한 보이스를 강조한 록 발라드는 안재욱, 최진실, 차인표가 주연한 드라마 「별은 내 가슴에」(1997)에 삽입되는 행운을 누렸다. 시청률 40퍼센트를

상회하는 드라마의 선풍적인 인기를 발판으로 노래에도 힘이 실렸다. 이후에도 밴드는 〈세상 하나뿐인〉, 〈기도〉 등 록 발라드를 소소하게 히트시켰다.

그런데 사실 할리퀸의 데뷔작 《비상(飛上)》을 들으면, 이들이 진정 하고 싶었던 건 이런 대중친화적인 록 발라드는 아니었을 것 같다는 생각이다. 일단 발라드로 분류될 만한 즈이 절대적으로 적은데, 이 곡과 후반부에 실린 〈내가 부를 노래〉 정도만이 발라드 성향이다. 고로 밴드의 아이덴티티는 하드 록 〈비상〉, 사이키델릭과 훵크를 결합한 〈도망자〉, 〈빨리 빨리〉에 있었지단, 그걸 알아챈 사람은 소수에 불과했다. 주위에도 〈널 잊진 못할꺼야〉를 즐겨 듣고 부르는 친구들은 적잖게 있었지만, 그들 사이에서 음반 구매 러시가 일어나진 않았다. 음악가를 좋아하는 것과 곡을 좋아하는 것 사이엔 틀림없는 간극이 존재했다. 노래는 널리 알려졌지만, 정작 밴드는 그렇게까진 유명해지지 않은 상황. 외적인 요인까지 겹쳐 긴 휴지기를 선포하게 된 이들이 가요판으로 복귀하기까지는 그로부터 10년이 더 걸렸다.

돌이켜 보면, 갈등에 시달렸던 건 비단 할리퀸만은 아니었다. 외국을 봐도 정말 자신이 하고 싶은 음악을 끝까지 밀어붙여 상업적 성공을 거머쥔 사례는 소수다. 제작사, 프로듀서, 대중의 성향을 고려하지 않는다는 건 어려운 일이다. 아티스트는 레이블의 간섭과 싸워야 하고, 프로듀서의 고집을 꺾어야 한다. 설령 그게 된다고 해도, 대중의 픽이 될 수 있는가는 또 다른 문제다. 전성기 핑크 플로이드가 아닌 이상, 비평적 상찬을 가져감은 물론 상업적인 전과까지 아름다웠던 결말을 맞는 경우는 드물다. 외려 그런 '이중 수확'이 가능했던 시대가 이례적이었던 건 아니었을까?

이로부터 알 수 있는 건, 예술가들도 대개 타협과 절충을 하게 된다는 것이다. 그게 잘못되었거나 나쁘다는 게 아니다. 불가피하게 타협과 절충이라고 썼지만, 주변인과의 그러한 '의견 조율'이나 '커뮤니케이션'을 통해 더 나은 결과물을 만들어 낸 사례 또한 흔하다.

예술도 엄연한 세일즈다. 프로젝트에 얽힌 사람들이 그 절차를 통해 파이를 나누고, 생계를 돌볼 수 있게 된다. 밴드는 인지도를 확장해 다음 사업을 위한 토대를 구축할 수 있게 된다. 그렇다면 세일즈 역시 창작만큼이나 중요하고 거룩한 행위는 아닐까?

넓게 보면 다른 사람의 작품에서 받은 영감을 창작에 반영하는 것도, 그러한 절충의 일환이다. 직업상 많은 뮤지션과 인터뷰를 진행해 보았다. 이것도 편견일지는 모르지만, "다른 뮤지션의 음악을 듣지 않는다."라고 밝힌 음악의 작품에서 마음을 움직이는 뭔가를 발견한 적은 없었다. 그저 텅 빈 물탱크처럼 느껴질 뿐이었다. 그렇다면 아티스트가 아무것도 참고하지 않는다는 건 창작 세계의 독보적임을 강화하는 게 아니라, 작품의 공허함을 보여주는 것일 수 있다. 하늘 아래 레퍼런스 없이 솟아난 게 어디 있겠나.

어쩌면 타협 과정이 없었다면 할리퀸은 포커페이스와 마찬가지로 초기에 붕괴되었을지도 모른다. 백 명의 캐주얼한 팬을 얻게 되면, 그중 한두 명의 열광적 지지자가 생기게 마련이다. 대부분 이 곡 〈널 잊진 못할꺼야〉를 계기로 할리퀸 월드에 입성했을 것이다. 그러니 밴드 입장에서도 참 고마운 곡이 아닐 수 없다. _이경준

할리퀸(Harlequin)

널 잊진 못할꺼야

발매일 1996. C8. 17
앨범명 비상(飛上)
수록곡
1. 비상
2. 널 잊진 못할꺼야
3. 도망자
4. 빨리 빨리
5. 너의 조각
6. 생존시대
7. 미운 오리새끼
8. 애원
9. 걸어갈꺼야
10. 내가 부를 노래
11. 바다로
12. 뒤 돌아봐

노래 듣기

나를 지켜 만난
운명적 사랑

햇수로 6년 전, 지인들과 '다찌'집에서 새조개로 술잔을 기울이던 때 B가 들어왔다. 밝고 단아한 정장 차림에 조금 지쳐 보이는 얼굴로 가게에 들어선 그녀는 가끔 주인아주머니와 맥주 한잔을 하러 그곳에 들르곤 하는 거였다. "여기 오셔서 같이 한잔해요." 첫인상이 괜찮았는지 사실상 혼술을 마시러 온 B에게 나는 합석을 권했다. 우리 일행과 잘 아는 사이였던 아주머니는 내 말에 이어 '저 쪽 테이블 사람들 괜찮으니까 합석해도 나쁘지 않을 거야.'라는 말을 한 것 같다. 그렇게 B와의 관계가 시작돼 우린 갤러리 관람 같은 비슷한 취향을 매개로 얼마 안 가 사귀는 사이가 되었다. 착하고 자기 일 똑 부러지게 하는 B는 지금 내가 이렇게 음악 글을 쓰는 데 가장 큰 힘이 되어 준 사람이다. 그녀의 응원과 관심, 희생이 없었다면 계속 글을 쓸 수 없었을지도 모를 나는 태어나 가장 많은 곳을 B와 다니며 사랑을 키워 왔다. 적당히 개인사 그늘을 가지고 있었고 또 적당히 행복할 준비도 되어 있던 우리는 가끔 싸워도 가며, 하지만 그보다 더

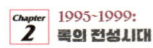

많이 웃으면서 여태껏 지내 왔다. 넥스트의 〈Here, I stand for you〉를 들으면 그때의 내가 떠오른다. 사랑의 운명, 운명의 사랑을 믿는 노래 속 화자는 그날 B에게 합석을 제안한 내 모습과 진배없었기 때문이다. 그저 스쳐 지날 수도 있었지만 나는 운명이 시키는 대로 했고, 그랬더니 사랑은 정말 운명처럼 내게 왔다. 신기한 일이다.

〈Here, I stand for you〉는 1997년 동계 유니버시아드 폐막을 기념해 만든 넥스트 싱글의 타이틀 곡이었다. 이 싱글은 아마도 행사 주최 측엔 김덕수 사물놀이 패와 협업한 〈아리랑〉이 대표곡이었겠지만, 팬과 대중에겐 단연 일본 시티팝 아이콘 요시노 후지마루가 도모다 가이아키 교향악단을 동원해 현악 편곡에 참여한 〈Here, I stand for you〉가 메인이었다. 여기선 '싱글'이란 말이 중요하다. 신해철의 기억에 따르면 90년대 음반 제작자들은 히트곡 한두 곡을 팔아먹기 위해 필러들을 대량으로 넣어 앨범을 졸속으로 만들곤 했다. 즉 90년대 한국 음반 시장은 곡 하나만 마음에 드는 사람에게도 앨범 값에 그 곡을 사서 듣도록 한 셈이다. 이 작태를 두고 볼 수 없었던 신해철은 소수 히트곡으로 앨범을 팔아낼 수 있는 "기득권" 세력에 맞서 싱글 시장 개척을 고민한 끝에 〈Here, I stand for you〉를 내놓았다. 문제는 가격. 당시 싱글 값 책정 과정에서 신해철이 파악한 건 한국의 앨범 값이 너무 저렴했다는 것인데, 외국과 따져 본 물가지수나 GNP 등을 반영해 보니 한국에서 앨범은 2만 5천원~4만원이 되어야 하고, 싱글은 4천~6천 원 선이 적절하다는 계산이 나왔다.

하지만 이는 신해철의 계산이지, 시장은 기존대로였으므로 그는 어쩔 수 없이 두 곡짜리 싱글임에도 다섯 트랙으로 늘린 앨범급 제작비를 감당해야 했다. 그것은 몇 달 전 싱글 포맷을 바라고 나온 서태지와 아이들의 〈시대유감〉이 1, 2집 곡들을 섞어 미니 앨범 형식으로 나온 것과 비슷한 모양새였다. 당시 곧장 음반 가게로 가 신해철이 싱글로서 적절하다고 한 가격의 두 배 값을 주고 샀던 내가 '싱글인데 왜 이리 비싸?'라는 생각을 한 이면에는 저런 시장의 어두운 사정이 있었다. 넥스트 3집과 4집 사이 최전성기에 내놓은 만큼 〈Here, I stand for you〉는 기록된 것만 70만 장 판매고를 올려 상업적으로 나쁘지 않은 성과를 거두었지만, 싱글 시장 개척이라는 신해철의 빅피처는 보수적인 시장의 요지부동 앞에 결국 무릎 꿇고 만다.

내가 중학생이었던 90년대 초, 한국에선 '동전 노래방'이 처음 유행했다. 가사와 멜로디, 심지어 사상과 태도까지 신해철의 모든 걸 좋아했던 나는 그때부터 그의 데뷔곡인 〈그대에게〉를 비롯해 〈슬픈 표정 하지 말아요〉, 〈나에게 쓰는 편지〉, 〈인형의 기사 파트2〉, 〈날아라 병아리〉 등을 마이크만 잡으면 부르곤 했다. 그처럼 나 역시 타고난 저음이었던 탓에 신해철은 따로 음정 조절을 하지 않아도 노래방에서 내가 제대로 부를 수 있는 몇 안 되는 가수들 중 한 명이었다. 〈Here, I stand for you〉는 그런 내가 스무 살을 맞아 '노래방 신해철 노래 목록'에 추가한 곡이다. 그러나 롭 핼포드를 좋아했던 고인이 남긴 3옥타브 파로 알려진 고음은 의외로 셌고, 나는 심심찮게 곡 중간에 노래를 멈춰야 했다. "최고는 아니어도 최선의 노력으로" 만들었다는 그의 사랑 노래는 노래하려는 나의 '최선'을 번번이 좌절시킨 셈이다.

2014년 가을, 거짓말처럼 우리 곁을 떠난 신해철의 묘비에도 새겨

진 〈Here, I stand for you〉는 운명적 사랑을 찾는 노래였다. 그리고 그 노래의 데칼코마니인 〈단 하나의 약속?〉은 운명적 사랑을 찾은 노래였다. 이 글을 쓴 때는 매미 소리 자욱한 여름. 얼마 후 신해철이 떠난 가을(마침 그의 10주기이기도 하다)이 오면, 저 두 곡을 B와 함께 들어야겠다. _김성대

넥스트(N.EX.T)

Here, I stand for you

발매일 1997. 01. 31
앨범명 Here, I stand for you
수록곡
1. Here, I stand for you(Original Ver.)
2. Here, I stand for you(Silhouette Ver.)
3. Arirang
4. Here, I stand for you(Inst.)
5. Arirang(Inst.)

노래 듣기

사라진
가수

바람꽃이라는 밴드가 있다. 1989년 결성되어 1991년 데뷔작을 내놓은 이들은 포크 록, 팝 록 스타일을 오가는 듣기 편한 음악을 추구했지만 대중으로부터 철저히 외면당하고 만다. 하지만 무엇 때문이었는지 밴드 이름만은 그대로 걸려 있었는데, 록 팬들이 이들을 주목하게 된 건 라인업을 완전히 갈아엎은 뒤 공개된 세 번째 앨범 《바람꽃 3》(1997) 수록곡 〈비와 외로움〉이었다. 그런데 엄밀히 말하면 신곡이 아니었다. 1집 보컬 유양일이 잔잔하게 부른 노래를 강렬한 하드 록으로 재가공한 리메이크 버전이었기 때문이다. 여기선 베일에 싸인 보컬 박민규가 노래를 했다.

"베일에 싸여 있다."라는 표현은 단순히 수사적인 의미만은 아니다. 정말로 박민규는 사라져 버렸던 것이다. 대부분 여전한 현역으로 활동하거나 대학교수가 된 동시대 로커들은 '추억 소환'이라는 명목으로 여기저기 불려 나가며 브라운관에 모습을 비추었지만, 박민규만큼은 모습을 드러내지 않았다. 그리고 지금 그의 행방을 아는 사람은 없다. 회사원으로 일한다, 나이트클럽에서 연주하는 걸 봤다, 같은 뜬소문만 무성할 뿐이다. 자신의 자취를 지우고 음악판에서 홀연히 종적을 감춘 사내. 이쯤이면 궁금해지지 않을 수 없다. 사람들은 왜 그를 그리워하는 걸까? 그에게 어떤 특별한 게 있었던 것일까?

해답은 〈비와 외로움〉이라는 곡 안에 있다. 20여 년 전 이 곡을 접했을 때의 전율이 생생하다. 남성의 한계를 돌파한 고음을 마구 쏟아냈기 때문이 아니었다. 노래를 마치 자신의 운명처럼 받아들였던 해석 때문이었다. 김현식의 〈넋두리〉(1990)와 비슷하지만 그와는 또 다른 중력이었다. 틀림없이 삶의 끝자락을 보았을 법한 사람이 극한의 고통으로부터 끌어올린 감정이었다. 대체 무엇을 경험했고 어떤 인생을 살았기에, 이런 감정을 토해내는 것인가. 마지막 구간 보컬 애드리브에선 어떤 한(恨)의 정서가 느껴졌다. 소름이 쫙 끼치는 수십 초가 지나가고 노래는 마무리되는데, 이걸 처음 듣게 된다면 적잖은 충격을 받게 될 것이다.

아티스트의 인생에 어떻게든 비하인드 스토리를 덧대고 싶은 건 인간의 본질적 욕망이다. 기타 연주를 위해 악마에게 영혼을 팔았다는 델타 블루스 명인 로버트 존슨의 일화는 따로 부연할 필요가 없을 것이다. 박민규에게도 그런 에피소드가 있다. 5옥타브를 얻기 위해 5개월 동안 산에 들어가 홀로 수련의 시간을 가졌다는 무용담이다. 여기에서 중요한 것은 그가 실제로 심산유곡에 갔다거나, 5옥타브를 낼 수 있다거나 하는 게 아니다. 이야기의 전파자가 내심 바라는 건 살이 붙어 청중으로부터 감탄사 "와!"가 연발되도록 하는 것이다. 진실이 점점 환상에 가까워질수록, 이야기에 대한 흥미 지수는 기하급수적으로 올라가게 될 테니 말이다. 자, 실제로 그렇게 되었다. 사람들의 입을 거치며 박민규는 그렇게 전설 속의 누군가처럼 된다. 뭐, 여전히 그를 모르는 사람도 많을 테지만.

하지만 박민규를 둘러싼 이야기가 더 전설처럼 회자되는 이유는 앞서 말했듯, 우리가 현재 가수에 대한 아무런 단서를 찾을 수 없기 때문이다. '아티스트 잠적'과 관련된 아마 음악 팬들에게 가장 잘 알려진 케이스는 영국의 록 밴드 매닉 스트리트 프리처스의 기타리스트 리처드 제임스 에드워즈일 것이다. 새 스튜디오 앨범을 발표한 매닉스 멤버들은 프로모션 투어를 위해 미국으로 갈 예정에 있었다. 그러던 1995년 2월 1일, 에드워즈는 호텔 방을 나선 뒤 돌연 증발한다. 호텔을 떠나는 모습이 관찰되었고, 소지품도 그대로 있었다. 사람만 없어진 괴이한 사건. 가족들은 수십 년 동안 리치의 행적을 수소문했지만, 헛된 일이었다. 2008년 11월, 리치는 공식적으로 "사망 추정"되었다.

물론 리치의 잠적과 박민규의 잠적은 결이 다르다. 리치는 심각한 우울증에 시달리고 있었고, 그의 자동차는 '자살 스폿'으로 악명이 높은 다리 근처에서 발견되었다. 유명인이 그 누구의 눈에 띄지도 않고 긴 시간 동안 은둔한다는 것은 현실적으로 어렵기에, 우리는 리치가 어떤 선택을 했는지에 대해 합리적으로 추론해 볼 수 있다. 그러니 이 사례는 어느 정도 결론이 났다고 봐도 좋다. 그렇지만 박민규의 행방은 여전히 오리무중. 2012년경까지 인터넷 '바람꽃' 팬 카페에서 팬들과 소통하는 게 목격된 바 있다. 신뢰도는 떨어지지만

그를 봤다는 증언도 있다. 하지만 죄다 말뿐이다. 대체 그는 어디에 있는가?

박민규는 사라졌다. 이름이 명함이 되고 명함이 인기를 만드는 엔터테인먼트 판에서 아티스트가 자신의 공인된 '표찰'을 버린다는 건 쉽지 않은 일이다. 그는 혹 세간의 관심을 부담으로 받아들인 건 아니었을까? 음악판에 환멸을 느끼고 아예 상관없는 업종으로 숨어든 것은 아닐까? 그것도 아니라면 어디선가 컴백을 준비한 채 칼을 갈고 있는 것은 아닐까? 가수가 떠나간 빈자리엔, 책임지지 못할 고약한 상상만이 남았다. 모쪼록 그가 어디에서든 건강하고 행복하기를.

_이경준

바람꽃
비와 외로움

발매일 1997. 02. 01
앨범명 바람꽃 3
수록곡
1. 돌아와
2. 슬픈 11월
3. Till I Fall In Love With You
4. Rain Of The Night
5. 이젠
6. Rock'N Roll
7. 붕어빵
8. 비와 외로움

노래 듣기

1997년에
부쳐

노랫말에 '담배'가 등장하니 담배 이야기로 문을 열어 본다. 담배가 건강에 나쁘다는 건 굳이 자료를 들이밀며 부연할 필요가 없을 듯하다. 해악의 굴레에 묶인 사람이 있다면 말려야 하지 않을까? 주변인들에게도 피해가 되지만 무엇보다 본인 몸이 축날 테니까.

하지만 찢어지는 가슴을 부여잡은 사람에게 그런 충고를 늘어놓기란 쉽지 않다. 연인과 가슴 아픈 이별을 한 노래 속 주인공 말이다. 내레이션의 내용으로 보아 그 역시 흡연의 위험성을 인지하고는 있다. 이러면 안 되는 걸 정확히 알고 있지만, 그럴 수 없는 상황. 그는 딜레마에 놓여 있다.

이렇게 적고 있는 나 자신도 긴 시간 폐를 혹사시키며 살아왔다. 25년을 연초와 함께했으니 결코 짧은 세월이 아니다. 겉담배 한두 개비로 시작한 흡연 라이프는 소소했지만, 몇 년이 지나자 하루 한 갑은 우스워졌다. 술이라도 들어가는 날이면, 종종 그 두 배가 됐다. 습관이란 이렇게 무서운 것이다.

여기서 잠깐 다른 가수 언급을 해야 한다. 어처구니없게도 내가 흡연자가 된 건 리키 리 존스의 '담배 바이브'를 동경했기 때문이었다. 음악 마니아라면 어디선가 한 번쯤 보았을 이미지가 있다. 빨간색 베레모를 쓴 금발 여성이 눈을 내리깐 채 타들어 간 담배를 물고 있는 그 LP 말이다. 우연히 음반을 구입한 나는 리키의 포즈에 매혹되었다. 내 기억이 맞다면 첫 흡연의 계기는 그것이었을 테다. 어느새 정신을 차려보니 손엔 무언가가 들려 있었다.

콜록콜록.

겉멋의 대가는 컸다. 나는 니코틴 중독자가 되었다. 숨이 가빠졌고, 일어나면 한동안 멍한 증상이 지속됐다. 각성 효과는 잠깐이었다. 이 몹쓸 놈을 매일 끊겠다 결심했지만, 실제로 행동에 옮기지는 못했다. 의지는 박약했다. 몸은 갈수록 나빠졌는데, 수면 무호흡까지 겪고 나서야 나는 담배를 던져버릴 수 있었다. 그러자 거짓말처럼 몸은 정상으로 돌아왔다. 매일 4,500원이 절약되었다. 용돈이 모였다. 냄새가 사라졌다. 그래서 결과는? 이제는 생각조차 나지 않는다.

돌이켜 보면 나는 '미련'에 사로잡혀 있었던 것 같다. 인간의 행동에는 항상 미련이 따라붙는다. 가지 못했던 길, 포기해야 했던 인연, 잘못된 투자로 사라진 돈. 이 모든 것의 교훈은 동일하다. 과거는 되풀이되지 않으며, 거슬러 올라가 고칠 수 없다는 것. 그러니 시간 낭비 따윈 하지 말고 현재에 더 집중하라는 것. 그렇지만 우리는 미련을 차마 떨구지 못하고, 다시 매달려 보는 것이다. 인간의 이중성이다.

앞서 말했듯 〈밤의 길목에서〉의 화자는 자신이 애인과 헤어졌다는 걸, 그녀는 이미 옛 사람이 되었다는 걸 알고 있는 사람이다. 그러나 미련은 계속해서 그를 끌어당긴다. 돌의 무게로 당긴다. 그녀와 함께했던 순간, 즐거웠던 순간이 자꾸만 그의 발목을 잡는다. 담배는 그를 유혹한다.

그런데 본디 록 발라드란 미련을 노래해야 제맛이 아니던가. 록 발라드의 시제는 과거이다. 밝고 아름다운 현재를 노래하고 싶은 록 발라드 가수가 있다면 번지수를 다시 확인해야 할 것이다. 록 발라드는 맑고 깨끗한 음악과는 거리가 멀다. 그 반대에 가깝다. 꿉꿉하고 너저분하다. 살면서 깔끔한 이별을 본 적 있는가? 구질구질하지 않은 헤어짐을 본 적 있는가? 세상에 그런 건 존재하지 않는다. 록 발라드를 들으면 반사적으로 술과 담배가 떠오르는 건 그런 이유에서다.

술, 담배, 보너스로 커피까지 나오는 〈밤의 길목에서〉는 아역 배우 출신 가수 김세영이 1997년 발표해 히트한 노래다. 실연을 받아들이지 못하는 남자의 심정을 잘 표현한 내레이션도 큰 공감대를 이끌어냈지만, 무엇보다 트로트에서나 들을 법한 구성진 '꺾기' 창법을 록 발라드에 이식한 게 주효했다. 트로트와 록 발라드라니! 상극인 두 재료를 한 솥에 끓여 낸 것 같지만 그렇지 않았다. 처량함을 극대화하면서도 설득력을 가진 그의 노래는 '막' 헤어짐을 경험한 사람, 결별의 고통을 아는 사람, 그냥 록 발라드 팬 모두에게 호소해 들어갈 수 있었다.

노래가 나온 1997년의 풍경을 떠올려 본다. 핸드폰이 대중화되지 않았던 그 시기, 나와 동기들은 삐삐라고 불리던 무선호출기로 주로 소통했다. 누군가 내게 메시지를 남기면 그걸 듣기 위해 공중전화까지 뛰어갔다. 동전을 넣고 난 후 발신자의 말을 확인하려면 얼마간 기다려야 했는데, 헤어지자는 말을 들은 몇몇 친구들은 술자리에서 눈물을 왈칵 쏟았다. "흑흑……." 여기저기 흐느끼는 소리가 들렸다. 그러니까 상대가 이별 메시지를 미리 남겨두었다 해도, 그는 시차를 두고 그걸 듣게 되는 셈이었다. 언젠가 그런 식으로 이별 통보를 받은 한 친구가 슬피 울며 이걸 부른 적이 있다. 노래방이었나? 이젠 장소는 물론 친구의 이름도 어렴풋하다. 친구여, 잘 지내는가? 납작해진 기억이라 다행이야.

〈밤의 길목에서〉는 그 시절 그 세대의 감성을 자극하는 곡이다. 물론 지금 자주 듣지는 않고, 가끔 앨범 속 사진을 꺼내 보는 것으로 만족하는 정도다. 그렇게 들어야만 좋은, 그리고 감흥의 온도를 오래 가져갈 수 있는 노래들이 있다. 이런 감성은 40대들의 것인데, 우리가 뿌연 담배 연기 사이에 머무르는 동안 세상은 달라져도 한참 달라졌기 때문이다. 파트릭 모디아노가 『네가 길을 잃어버리지 않게』(2014)에 적은 것처럼 말이다. "동네는 그간 꽤 바뀌었을 테지만, 그는 거의 알아보지 못했다." _이경준

김세영

밤의 길목에서

날매일 1997. C4. 01
앨범명 Kimseyoung Vol. 1
수록곡
1. 밤의 길목에서
2. 퇴색
3. 슬픈 축복
4. 나를
5. 감성고조
6. 후애
7. 오늘은 왠지
8. Exit
9. 늦어버린 시간
10. 비의 랩소디
11. 사랑할 때
12. 새로운 시즌

노래 듣기

웅장하고 서글픈
에메랄드빛 이별 노래

지금 30대 후반 이상 한국 남자라면 목에 핏대 세우며 한 번쯤은 불러보았거나, 그렇게 부르는 사람을 본 적이 있을 〈발걸음〉. 거짓말 조금 보태 1997년은 온통 그 노래였다. 길을 걸어도, TV나 라디오를 틀어도, 노래방엘 가도 〈발걸음〉은 한 번 떼기 시작한 발걸음을 멈출 생각이 없어 보였다. 90년대를 대표하는 순정만화가 박희정이 그린 '장미와 훈남'을 대문에 내건 에메랄드 캐슬의 데뷔 앨범 제목은 《Invitation》으로, 그 시절 갓 스무 살이 된 나와 내 또래들은 『오즈의 마법사』에 나오는 성 이름을 팀명으로 택한 한 신인 록 밴드의 초대에 기꺼이 응했다.

보통 대중음악은 도입부 10초 안에 승부를 걸어야 한다. 요즘처럼 들을(수 있는) 음악도 많고 스킵하기도 좋은 환경에선 더 그렇다. 10초 안에 승부를 못 내면 다른 곡으로 바통을 넘겨야 하거나, 미련 없이 스킵 당하는 것이다. 〈발걸음〉은 그 공식 아닌 공식을 정확히 파악하고 러닝 타임 4분 8초를 주파한다. '주파'란 도중에 쉬지 않고 끝까지 달린다는 뜻이다. 피아노 도입부로 단 3초 만에 듣는 이의 마음을 사로잡는 이 노래가, 김상환의 울부짖는 일렉트릭 기타 솔로를 지나 축복 같은 코러스로 진화하는 모습은 왜 저 어휘를 여기서 써야 하는지에 대한 이유다. 승부처인 인트로 뿐 아니라 이후 전개에서도 버릴 게 없는 노래라는 얘기다.

세상 거의 모든 록 밴드들이 그렇듯 에메랄드 캐슬에서도 중심은 보컬리스트 지우다. 음대 성악과에서 바리톤을 전공하고 타마키 코지와 김현식을 흠모해온 그의 목소리는 단호하고 억셌다. 녹음 때 한 번에 오케이를 받았다는 〈발걸음〉의 비하인드 스토리는 그런 지우의 실력을 에둘러 증언한다. 읊조리듯 나지막하게 시작해 모든 악기들과 백킹 보컬이 총동원되며 이별의 아픔을 뚫고 오르는 후렴구는 그 어느 록 발라드 곡의 코러스보다 화려하고 또 후련하다. '성악과 출신'이라는 사전 정보 없이 들어도 저 음색과 가창력은 그 자체로 누구든 납득시킬 수 있을 지우의 눈부신 재능이었다.

〈발걸음〉은 이젠 나를 잊은 옛 연인을 자신도 잊으려 발버둥 치는 한 남자의 심리를 처절하리만치 아름답게 그려낸 발라드다. 〈옛사랑〉을 부른 이문세식 체념과 백예슬의 노래 제목(《너도 나만큼 아팠으면 좋겠어》)에 담긴 원망이 공존하는 가사는 지우가 직접 썼다. 프로듀서 신해철은 5분 만에 썼다는 그 노랫말을 보고 "애절한 삼류 가사"라며 후렴구를 바꾸었으면 했다는데, 당시 20대였던 지우는 젊은 치기에 "대중음악이 다 삼류 아닌가요?"라며 자신의 가사를 고수했다. "그래, 네가 하고 싶은 대로 해라." 스스로도 하고 싶은 걸(록) 위해 기착지(팝 발라드)에 머문 바 있던 신해철은 겸연쩍게 웃으며 창작자의 뜻에 따랐다고. 평소 노래하는 사람이 직접 쓴 가사에 진정성이 있다고 믿는 내가 볼 땐 자기 것을 고집한 지우도, 그 고집을 배려한 신해철도 결국엔 다 잘한 일이었다.

지우의 가사에 곡을 붙인 사람은 신해철의 팀(넥스트) 동료였던 베이시스트 겸 작곡가 김영석이다. 김영석은 넥스트의 선장이었던 신해철과 함께 에메랄드 캐슬을 기획, 디렉팅한 장본인이기도 한데 (사운드, 멜로디, 연주 등 〈발걸음〉의 전반적인 느낌은 확실히 신해철과 넥스트를 연상시킨다), 한마디로 에메랄드 캐슬은 요즘 표현대로라면 모종의 '세계관'을 구축하고, 그 세계관에 맞춰 조립해 나간 프로젝트 밴드였던 셈이다. 멤버들은 과거 인터뷰에서 이렇게 밝혔다.

"우리가 하고 싶은 음악만을 표현하는 것이 아니라, 누구라도 쉽게 들을 수 있는 록 음악이 우리의 모토입니다. 장르를 굳이 규정짓자면 록을 기초로 한 가요라고 해야겠지요." – 에메랄드 캐슬(데뷔 당시 『문화일보』와의 인터뷰 중)

밴드는 저 인터뷰에서 자신들도 모르게 록 발라드라는 장르 아닌 장르를 정의내리고 있었다. 누구라도 쉽게 들을 수 있는 록 음악. 록을 기초로 한 가요. 세상은 그걸 록 발라드라 불렀고, 〈발걸음〉은 그 장르의 전형으로서 우뚝 섰다.

1991년, 정용태라는 본명으로 「대학가요제」에 나가 〈언제나 우리는〉으로 금상을 받고도 빛을 못 본 채 입대를 해야 했던 지우는 긴 인내 끝에 만난 〈발걸음〉이 자신에겐 "하늘이 준 보상"이었다고 말

했다. 곡이 가진 이 자기 계발적 면모는 2014년 갑작스레 세상을 떠난 신해철의 추모 공연을 준비하던 때 고인의 "음악적 후계자로서 그의 음악 정신을 잇기 위한" 에메랄드 캐슬의 재결성이라는 「인간극장」적 사연으로까지 이어졌다. 떠난 사랑을 원망하던 〈발걸음〉이 떠난 선배를 추억하는 곡으로 남은 배경이다. _김성대

에메랄드 캐슬(Emerald Castle)

발걸음

발매일 1997. 04. 01
앨범명 Invitation
수록곡
1. Information
2. 동병상련
3. 발걸음
4. 여자들이여 잠에서 깨어나라
5. 하루
6. Summer Fantastic
7. 꿈꾸고 난 후
8. Happy Ending
9. 형과 아우

노래 듣기

벼락처럼 가요계에 쏟아진
'월드클래스'의 축복

왜 우리는 저렇게 할 수 없는가. 90년대에 학창 시절을 보낸 '메탈키드'였던 나는 해외 유명 밴드의 앨범을 들을 때마다 열등감에 사로잡히곤 했다. 한국 밴드는 해외 밴드처럼 머리를 기르고 가죽옷을 입어도 멋이 없어 보였다. 그래, 타고난 동양인의 신체 비율은 어쩔 수 없다고 치자. 솔직히 일본 출신 세계적인 밴드 라우드니스 멤버들의 비주얼도 내 눈에는 별로였으니까. 다카사키 아키라가 기타로 서커스를 방불케 하는 현란한 태핑 연주를 보여줘도, 밴 헤일런이 기타 헤드에 담배를 꽂는 모습보다 멋있어 보이진 않았다. 니이하라 미노루가 눈을 부릅뜨며 끝내주는 솔풀(Soulful) 보이스를 들려줘도, 건스 앤 로지스의 액슬 로즈가 헐벗은 채 골반을 흔들며 앵앵거리는 모습이 훨씬 멋있었다. 그래도 음악만큼은 훌륭했다. 아니, 당대 최고 수준이었다는 게 솔직한 고백이다. 라우드니스는 비주얼과 상관없이 훌륭한 음악을 들려주면 그 자체로 멋져 보일 수 있음을 증명해 보였다.

그런데 왜 한국 밴드는 그런 음악을 들려주지 못하는 걸까. 사실 음악 자체는 못 들어줄 정도로 구리진 않았다. 정확히 말하자면 녹음 상태가 구렸다. 문제는 구린 녹음이 음악까지 멋없게 들리도록 악영향을 미쳤다는 점이다. 옷이 날개라고 하지 않던가. 음악이 몸이라면 녹음은 옷이다. 아무리 훌륭한 연주로 괜찮은 음악을 들려줘도 녹음 상태가 구리면 구리게 들리니 환장할 노릇이었다. 그리고 녹음 상태가 나아진다고 해도 도저히 극복할 수 없어 보이는 한계가 있었다. 바로 보컬리스트의 역량이었다. 소화할 수 있는 음역대가 아무리 넓어도 성량과 감정 표현이 아쉬운 보컬리스트가 많았다. 스틸하트의 〈She's gone〉을 아무리 '삑사리' 내지 않고 커버해도 모기가 날아다니는 소리처럼 목소리를 짜내 부르면 멋이 없다. 다른 건 몰라도 보컬만큼은 도저히 극복할 수 없는 벽처럼 느껴졌다.

"아마 우린 안 될 거야."라며 자조하던 내게 솔깃한 소문 하나가 들려왔다. 때는 1995년 말, 소문의 출처는 이젠 기억하는 사람도 드문 PC 통신 하이텔의 '메탈 동호회' 게시판이었다. 그곳에서 김경호라는 생소한 보컬리스트의 이름이 화제로 떠올랐다. 그가 지금까지 대한민국에서 찾아볼 수 없었던 엄청난 보컬리스트이고, 1994년에 낸 데뷔 앨범에 실린 〈마지막 기도〉를 꼭 들어 봐야 한다는 소문이 전설처럼 떠돌았다. 게시판에는 마치 간증이라도 하듯 감격에 찬 앨범 감상문이 줄을 이었고, 앨범을 듣지 못한 희원들의 궁금증은 더해만 갔다. 나는 김경호의 데뷔 앨범을 찾기 위해 고향 대전의 거의 모든 음반 가게를 돌아다녔고, 그중 한 곳에서 겨우 물건을 입수했다. 다급히 워크맨에 테이프를 집어넣고 재생 버튼을 누른 뒤 나는 경악했다. 소문은 조금의 과장도 없는 사실이었다. 그런데도 그의 데 뷔 앨범이 묻힌 이유는 명백했다. 〈마지막 기도〉는 쓸데없이 비장했 고, 나머지 수록곡은 본격적인 록도 가요도 아니어서 어정쩡했다. 회 원들은 이런 '월드클래스' 보컬리스트가 묻혀서는 안 된다는 데 의 견을 함께했고, 하루빨리 두 번째 앨범을 내놓아야 한다고 목소리 를 높였다.

1997년 봄, 김경호가 2집을 발표한다는 소식이 동호회 게시판을 통해 퍼져나갔다. 얼마 후 김경호의 소속사가 2집 타이틀곡 선정을 위해 동호회 회원들에게 수록곡 두 곡을 담은 데모 테이프를 돌리 겠다며 신청자를 받겠다고 공지했다. 나는 재빨리 신청했고 며칠 뒤 데모 테이프를 받을 수 있었다. 한 곡의 제목은 〈엘리제를 위하여〉, 나머지 곡의 제목은 〈독백〉이었다. 두 곡 모두 1집 수록곡보다 훨씬 좋았다. 〈엘리제를 위하여〉는 〈마지막 기도〉의 비장한 분위기에 서 정미까지 더해진 훌륭한 록 발라드였고, 〈독백〉은 대중에 익숙한 가 요와 가까운 록 발라드였다. 두 곡에서 들려준 김경호의 보컬은 더 말할 필요도 없이 최고였다.

동호회 회원들은 〈엘리제를 위하여〉에 손을 들어줬지만, 소속사는 〈독백〉을 타이틀곡으로 정했다. 소속사는 아무래도 대중에 다가가는 데 있어선 당시 기준으로 다소 '쎈' 〈엘리제를 위하여〉보다 〈독백〉이 낫다고 판단했던 것 같다. 그럴 거면 뭐 하러 데모 테이프를 돌렸느냐 는 회원들의 볼멘소리도 나왔지만. 미리 공개한 두 곡의 수준이 저 정 도니까 대단한 앨범이 나올 거라고 기대하는 목소리가 더 컸다. 그해 6월, 《kim:kyungho 1997》이란 제목을 가진 김경호의 두 번째 앨범이

전국의 음반 가게에 풀렸다. 타이틀곡으로 정해진 〈독백〉의 제목은 〈나를 슬프게 하는 사람들〉로 〈엘리제를 위하여〉는 〈슬픈 영혼의 아리아〉로 바뀐 채.

김경호가 지금까지 듣도 보도 못한 보컬을 쏟아내며 전사처럼 무대를 휘젓자 대중은 열광으로 화답했다. 〈나를 슬프게 하는 사람들〉은 한국 록 발라드에 불어닥친 일종의 혁명이었다. 아울러 김경호는 록이라는 장르를 넘어 보컬리스트로서 일종의 기준이 됐다. 립싱크가 당연했던 시대에 김경호가 혜성처럼 등장해 라이브로 무대를 찢자, 어설픈 보컬로는 시장에서 살아남기 어려운 환경이 자연스럽게 만들어졌다. 본의 아니게 김경호는 한국 보컬리스트 수준의 상향 평준화에도 영향을 준 셈이다. _정진영

김경호
나를 슬프게 하는 사람들

발매일 1997. 06. 06
앨범명 Kim:Kyungho 1997
수록곡
1. Dracula
2. 운명
3. 슬픈 영혼의 아리아 [엘리제]
4. 만물의 영장
5. Aid & Aids
6. 나를 슬프게 하는 사람들
7. Our Son
8. 때늦은 후회
9. 금지된 사랑
10. 마지막 7 도
11. 피노키오에게
12. 너를 기다리며

노래 듣기

나는
유령가수입니다

무명의 터널을 벗어난 가수에겐 어떤 분기점이 있다. 김장훈에겐 〈나와 같다면〉이 그런 곡이었다. 노래는 네 번째 앨범 《#1998 Ballads For Tears》(1998)의 타이틀곡이었다. 김장훈 본인에 의하면 1997년 초 이미 작업이 끝난 상태였다고 하는데, 편곡자인 가수 김현철은 김장훈만의 느낌을 살려야 한다며 단 두 번 만에 녹음을 종료했다고 한다.

한데 이 곡을 부른 뒤 그에겐 성대 결절이 왔다. 변고였다. 한정된 시간 탓에 가수는 서둘러 커버와 리메이크로 분량을 채워야 했다. 〈세상이 그대를 속일지라도〉가 유일한 신곡이 된 이유였다. 어딘지 모르게 시작부터 분위기가 어수선했다.

그러나 김장훈의 목을 망가뜨렸던 〈나와 같다면〉은 오랜 가수 활동에도 불구하고 인지도만큼은 얻지 못했던 가수의 커리어를 180도 돌려 놓았다. 1990년대 말 FM 라디오를 틀기만 하면 흘러나왔던 노래는 현재까지도 꾸준히 사랑받는 곡이 되었다. 다른 가수들도 〈나와 같다면〉을 좋아했는데, 이문세, 권인하 등 업계 베테랑들도 서슴

없이 선곡해 부를 정도였다. 언젠가 김연우는 한 경연대회에서 이 곡을 열창한 뒤 시청자들의 뜨거운 반응을 수확한 바 있었다. "오늘날의 김연우를 있게 해 준 노래입니다." 그렇게 노래 하나가 사람들을 구하고 세상에 알렸다.

하지만 〈나와 같다면〉의 원곡 가수를 아는 사람은 많지 않다. 그의 이름은 박상태다. 그는 1995년 댄스와 발라드가 섞인 데뷔작 《Lady's Man》을 내놓으며 힘차게 가요계를 노크했지만, 스타가 즐비했던 메인스트림의 장벽을 넘어서지 못했다. 박주연이 가사를 쓰고 이동원이 작곡한 노래 〈나와 같다면〉도 앨범의 실패로 인해, 어둠 속에 봉인되고야 만다. 절절함을 강조해 록 발라드로 변형한 김장훈 버전과는 다르게 원곡은 보다 깔끔하고 풋풋하다. 1990년대 팝 발라드의 공식을 충실히 따른 그의 노래는 김장훈의 것과는 차별화된 매력으로 충만하다. 아쉬운 게 있었다면 뜨지 못했다는 것뿐이다.

오리지널을 외면했던 뮤즈의 변덕은 역사상 여러 차례 있었다. 배드핑거와 해리 닐슨도 그런 경우다. 록 밴드 배드핑거는 비틀스가 설립한 레이블 애플과 계약하며 주목받았지만 고대했던 한 방이 나오지 않았다. 1970년, 배드핑거 멤버 피트 햄과 톰 에번스는 각자 쓴 두 곡을 합쳐 절절한 후렴구를 갖춘 이별 노래 하나를 완성했다. 우리에겐 머라이어 케리의 발라드 버전으로 너무나도 유명한 〈Without You〉의 원곡이었다. 하지만 이 역시 불발탄이 되고 말았는데, 노래는 우연히 파티장에서 노래를 듣게 된 싱어송라이터 해리 닐슨이 커버하게 된다.

과연 남에게 건너간 이 곡은 어떻게 되었을까? 대박은 바로 그곳에서 터졌다. 싱글 〈Without You〉는 빌보드 4주 연속 1위를 기록했고, 날개 돋친 듯 팔려 나갔다. 노래는 닐슨의 목소리를 통해 큰 인기를 끌었지만 정작 곡을 만든 두 사람에겐 로열티가 제대로 지급되지 않았다. 더구나 소속사 애플이 1973년 파산을 맞이하게 되면서, 두 작곡가의 좌절감은 극대화됐다. 매니저 스탠 폴리는 희대의 사기꾼이었고 그들의 돈을 착복해 가고 있었다. 자신들을 둘러싸고 벌어진 일련의 사건을 계기로 음악 산업에 환멸을 느낀 피트 햄. 그는 1975년 목을 매 사망했다. 톰 에번스는 그로부터 8년 뒤 같은 방법으로 뒤를 따랐다. 전례 없는 비극이었다. 지금도 처연함이 흩뿌려진 배드핑거 버전이 최고라고 생각하지만, 동시대 사람들이 선호한 것은 해리 닐슨 버전이었다. 운명이란 참혹하다.

여기서 말하고 싶은 건 뮤즈의 선택을 우리가 미리 알 수는 없다는 것이다. 살아가다 보면, 인생에 운이 개입하는 걸 목격하게 된다. 그렇다면 운이란 뭘까? 인간의 삶을 좋은 쪽이나 나쁜 쪽으로 이끌어 가는 요소들을 가리킨다. 운칠기삼이라는 말처럼 운은 재주보다 더 크게 우리의 운명을 바꿔 놓는다고 하지만, 사실 '기'의 비중은 그보다 훨씬 낮은 건 아닐까? 어쩌면 운이 구할 이상은 되는 게 아닐까? 왜 〈나와 같다면〉은 1995년에 부상하지 못했는가? 어째서 박상태에겐 분기점이 되어주지 못했는가? 그 누구도 모른다. 그렇게 된 것 또한 운이었으니까.

이후 행방을 알 수 없던 박상태는 2022년 싱글 〈시간은 멈추어 버렸다〉를 공개하며 소식을 전했다. 노래는 박상태 본인이 직접 작사·작곡한 찬불가 앨범에 수록되었는데, 보도자료에 의하면 언론에 노출되지 않는 동안 가수는 성대결절과 공황장애를 겪으며 힘든 시기를 보냈다고 한다. 자신의 커버곡이 차트를 휩쓰는 동안 아무것도 할 수 없었던 사람의 고통이 얼마나 극심했을지 짐작조차 되지 않는다.

그의 유튜브 채널을 둘러보던 중, 글귀 하나에 눈길이 갔다.

"타인의 감정을 이해하며 노력하며 공감하며 살아간다."

자신을 역경으로 몰아넣었던 존재들을 용서하고 복수의 지팡이를 파묻어 버린 셰익스피어 희극 속 한 마법사가 떠올랐다. 그의 괴로움이 조금은 풀어진 것 같아 다행이었다. -이경준

김장훈

나와 같다면

촬영일 1998. 02. 01
앨범명 #1998 Ballads For Tears
수록곡
1. 나와 같다면
2. 세상이 그대를 속일지라도
3. 사노라면(feat. 이승환,이소라,윤도현,리아)
4. 햇빛 비추는 날
5. 늘 우리아이 엔
6. 내일로
7. 예전처럼
8. 떠나가버렸네
9. Mother
10. 나와 같다면(Acoustic ver.)

노래 듣기

아큐정전

변심한 연인에게 매달리는 것만큼 무용한 일도 드물다. 한쪽은 이미 결론을 내렸는데, 다른 쪽은 아직 보낼 준비가 되지 않았으니 말이다. 연애의 역학이란 잔혹하다. 결론이 뒤집힐 확률은 지극히 낮다. 상대에겐 새로운 연인이 생겼고, 그렇지 않다 해도 나에 대한 정리는 이미 마무리되었을 것이기 때문이다. 그러므로 이건 의지나 노력으로 해결될 수 있는 문제가 아니다.

부인, 분노, 타협, 우울, 수용.

죽음 인지의 5단계 이론은 이별에도 그대로 적용된다. 이건 아니라고 소리치고, 화도 내 보지만 소용없다. 결국 수용할 수밖에 없게 된다. 일말의 자존심이라도 챙겨야 하는 그는 떠난 건 상대방이지만 보내 준 건 자신이라고 위안한다. 정신승리가 시작된다. 아큐의 탄생이다.

뜨거운 연애가 차갑게 식어가면서 벼랑 끝에 몰려 본 사람이라면 아큐의 마음을 안다. 슈퍼볼이 열리던 그날 아침. 나는 그녀의 마음이 떠난 걸 알았다. 다른 사람과 만나게 된 그녀에게 이별의 말을 들게 되리란 걸 알았다. 기나긴 연애에 종지부를 찍게 된 그날, 우리의 마지막 30분은 그 어떤 30분보다 길었다.

그녀가 입을 떼기 전, 나는 자리를 박차고 일어나는 것으로 의사 표시를 했다(확실히 좋은 행동은 아니었다). 내가 너를 보내주는 거라고, 잘 살라고 말했다. 그 시절의 나를 찾아가 멱살이라도 잡고 싶다는 걸 별도로 적어 둔다.

그래서, 기분이라도 나아졌을까? 전혀. 그래봐야 자기기만이었다. 기만의 기운은 며칠 갔지만, 아무리 부정해 봐야 차인 건 나였다. 지구가 평평하지 않듯 사실은 바뀌지 않았다.

현실을 직시한 나는 쓰린 마음을 부여잡고 스찬휘를 들었다. 그녀가 부른 록 발라드 〈보낼 수밖에 없는 난〉은 전형적인 '자기기만'의 구조다. 대강 이런 내용이다.

내가 먼저 일어서게 해 줘
이건 널 위해 흘리는 눈물이 아니야
부담 갖지 말고 나를 떠나

그러나 말미에 화자는 고백한다. 나는 너무 힘들다. 하루 종일 너만 떠오른다. 너 없는 세상이 두렵다. 다만 후유증은 오래갈 것이고, 수렁에서 빠져나오려면 상당한 알코올이 필요할지도 모른다. 그러니 시간만이, 오직 시간만이 그를 구할 수 있다.

그해 봄은 길고 잔인했다. 밤마다 한강 둔치에 앉아 세상 이별이 란 이별은 혼자 다 하는 것처럼 행세하던 시절 지겹게 이 노랠 들었다. 진성과 가성을 곡예하며 비등점으로 향하는 저 보컬이 어찌나 가슴에 사무치던지. 내내 마음을 다스리던 가수는 어느 시점에 이르러 통제된 감정을 터뜨리고야 마는데, 이 부분에서 감동받은 사람은 비단 나뿐만은 아니었을 것이다. 그렇게 〈보낼 수밖에 없는 난〉은 소찬휘라는 가수의 절제력과 폭발력을 동시에 보여준 노래였다. 대체 얼마나 아픈 이별을 했길래 이런 노래를 쓰게 된 것일까(이 곡은 소찬휘 자신이 직접 작곡했다).

〈헤어지는 기회〉, 〈Tears〉가 크게 히트한 탓에 많은 사람들에게 소찬휘는 '댄스 가수'로 알려져 있다. 그러나 그녀의 출발선은 헤비메탈 밴드 이브였다. 당시만 해도 김경희라는 본명을 사용하던 그녀의 포지션은 기타리스트. 비록 스튜디오 앨범 녹음에선 세션맨에게 자리를 내주어야 했지만, 저 고교생의 연주력을 알 만한 사람은 다 알고 있었다. 그녀는 레드 제플린의 아우라를 동경하며 로커의 꿈을 키웠다.

하지만 하드한 록 음악으로 세일즈 포인트를 잡기란 어려웠다. 그러는 사이에도 아쉬운 시간은 재깍재깍 흘러갔고, 더 이상 기다릴 수 없었던 그녀는 발 빠르게 전향했다. 의외로 그녀가 들고 나온 것은 발라드였다. 소찬휘는 1992년 「SBS 신세대 가요제」에 참가, 잔잔한 발라드 〈사라지는 모습들〉로 은상을 수상했다. 그러나 입상의 기쁨은 순간이었다. '1992'라는 숫자에 주목하길 바란다. 무려 서태지와 김건모가 출현한 해다. 더 이상 시대는 얌전한 음악을 원하지 않았다.

해답은 댄스 뮤직이었다. 빠른 템포의 〈헤어지는 기회〉는 클럽가를 초토화했다. 동일한 곡으로 데뷔한 모 그룹과의 법정공방으로 인해 정작 큰돈을 만지는 데는 실패했지만, 그래도 이름을 알리기엔 충분

했다. 이후 〈현명한 선택〉, 〈Tears〉가 성공하며 소찬휘는 정점에 선다.

이에 비해 록에 대한 애정을 숨기지 않았던 〈보낼 수밖에 없는 난〉은 두 곡에 비해선 아무래도 애매한 포지션에 놓인 곡이었다. 그렇지만 소찬휘만이 소화할 수 있는 곡이 되어 소소하고도 꾸준한 인기를 모았다. 오래 살아남은 곡이 되었다는 말이다.

그렇다면 장수하는 록 발라드의 요건은 무엇인가? 록 비평가로 꾸준히 활동했지만, 솔직히 나도 잘 모른다. 그럼에도 분명한 한 가지는 통속성 안에 절절함을 담을 수 있어야 한다는 것이다. 연습이나 훈련 같은 것으로 되는 게 아니다. 절대적으로 타고나야 한다. 불특정 다수가 아닌 한 사람의 개인 앞에 호소해 들어와야 한다. 〈보낼 수밖에 없는 난〉은 틀림없이 그런 가수의 노래였다. 노랫말과 비슷한 경험을 해 보았을 사람들을 뒤흔들었고, 강한 공감대를 얻었다. _이경준

소찬휘

보낼 수밖에 없는 난

발매일 1998. 04. 28
앨범명 Another…
수록곡
1. 못된 송아지(우와병)
2. Come To Me Baby
3. 보낼 수밖에 없는 난
4. 중독
5. Party Time
6. 너의 행복한 시작앞에 난
7. Shut Up
8. 혼자 남겨질 나
9. Another(Intro)
10. 비를 맞아야 할 이유
11. 꿈만 꾸는 애이
12. Outro
13. 너의 행복한 시작앞에 난(Nude Ver.)

노래 듣기

훈련병 시절을 버티게 해 준
힐링 발라드

록 발라드의 전성기가 군대 시절과 겹쳐 부득이 국방색 기억을 드문드문 소환하게 될 것 같다. 〈너 그럴 때면〉도 마찬가지다. 때는 1998년 5월. 군에 온 지 한 달도 채 되지 않았을 때 이 노래는 훈련소 곳곳에서 들렸다. 청소 시간, 휴식 시간, 초코파이냐 팥빵이냐 선택의 기로에 선 종교 활동을 했던 휴일 등 조금이라도 짬이 나면 〈너 그럴 때면〉은 '민간'으로부터 흘러 들어온 인기 가요들 중 주주클럽의 〈1:1〉과 함께 록의 자존심을 걸고 훈련병들의 지친 어깨를 토닥여 주었다.

〈너 그럴 때면〉의 노랫말은 요즘처럼 힐링과 위로가 유행하는 시대에 더 어울릴 곡이다. 그리고 어느 때에 나를 생각하면 되는지를 하나하나 읊으며 사랑하는 사람에게 힘이 되어주겠다는 메시지를 담은 그 가사는 당시 힘들었던 나에게 실제 힘이 돼 주었다. 또한 후렴구에서 쏟아져 들어오는 일렉트릭 기타 리프와 유독 또렷하게 들렸던 드럼 연주는 제대로 해보기도 전 손을 놓고 온 스쿨밴드에 대한 미련을 상기시켰는데, 그래서 이 곡은 내가 자대에 가서도 나도 모르게 흥얼거리는 노래가 되었다.

한 사람의 뇌리에 계속 맴도는 노래는 그 사람이 혼자 있을 때 자신을 더 드러내려는 속성이 있다. 군대에선 새벽녘 보초 근무 때가 거의 절대 고독의 순간인데, 나는 그때마다 먼 한강을 바라보며(경기도 김포에서 복무했다) 가족, 친구들을 생각하며 〈너 그럴 때면〉을 나직이 부르곤 했다. 그런데 노래만으론 뭔가 심심했다. 비트가 필요했다. 그때 나에겐 경계 총을 하지 않아 자유로운 한 팔과 군화 신은 두 발, 허리에 내건 탄창 주머니, 그리고 군화 아래 부드러운 흙으로 다져진 땅이 있었다. 그걸로 충분했다. 아직 아마추어 드러머로서 흥이 덜 빠진 내 몸은 군화로 땅을 두드리며 베이스 드럼을, 손으로 탄창 주머니를 두드려 스네어 드럼을 쳤다. 그렇게 1998년 새벽 어느 날, 나는 팔자에도 없던 '군인 원맨밴드'가 되어 달과 별, 벌레와 풀들을 관객 삼아 〈너 그럴 때면〉을 흥얼거렸다.

'전야의 설렘'이란 뜻을 가진 이브의 데뷔작 커버 사진을 장식한 프런트맨 김세헌은 1995년 〈아스피린〉이라는 곡을 히트 시킨 밴드 걸(GIRL)의 보컬리스트 출신이다. '한국형 비주얼 록의 선구자'로 불린 이브로 둥지를 옮겨 선보인 그의 비주얼은 분명 매력적이었고, 그의 음색 역시 매력적인 비주얼의 가치를 거스르지 않았다.

다만 이브를 수식한 '한국형 비주얼 록'이라는 말은 조금 왜곡, 과장된 느낌이 없지 않았다. 일단 장르명 자체가 아방가르드부터 글램 록까지 온갖 록들이 회전문처럼 드나드는 일본 비주얼계(ヴィジュアル系)의 한국식 표현인데다, 이름의 특성마저 90년대 일본 10

대들 사이에서 자주 쓰인 화장계(お化粧系)라는 유행어에 뿌리를 두고 있기 때문이다. 즉, 이브는 꾸민 외모에선 '비주얼'을 취해도 괜찮았지만, 음악에선 해당 장르와 딱히 접점이 없었다. 하물며 그런 밴드가 비주얼 록의 '선구자'일 수는 당연히 없을 일. 이브는 화려한 팝과 패션 감각을 거친 록에 통과시켜 대중을 사로잡은 팀이었을 뿐이다.

김세헌은 김경호나 박완규처럼 부르지 않는다. 그는 기교보다 스타일로 승부하는 가수였다. 그건 김세헌과 마이크를 나눠 부른 팀의 핵심 송라이터 G.고릴라도 다르지 않다. 〈너 그럴 때면〉은 때문에 기타와 키보드 멜로디로 조각한 도입부 싱어의 감정에서 가창 성패의 70퍼센트가 결정되는 곡이었다. 여기에 초반 분위기를 잡아주는 현악, 후반부 김세헌의 격정에 기름을 끼얹는 여성 소프라노 코러스가 어울리며 이 노래의 오래 남을 여운을 거든다.

"창작물 중에서 가장 순수한 의도로 만든 곡이고, 지금의 이브와 저를 만들어준 결정적인 계기로서도 고마운 곡이다. 어떤 면에선 이후 곡들에 비해 덜 화려한 편곡이긴 한데, 그래서 덜 질리는 거라고 생각한다. 개인적으로는 때 묻지 않았던 뮤지션으로서 초기 모습을 떠오르게 하는 그런 곡이다."

2018년 5월, 이브의 데뷔 20주년 기념 콘서트를 앞두고 『이투뉴스』와의 인터뷰에서 "이브의 곡들 중 가장 좋아하는 곡과 그 이유"라는 질문에 〈너 그럴 때면〉을 작사·작곡·편곡한 G.고릴라는 위와

같이 답했다. 그런 곡과 함께 스티비 원더풍 브라스를 록에 접목한 〈Come on〉이 때론 감옥 같고 어떨 땐 꿈속 같던 내 군 생활을 함께 해주었다. 〈너 그럴 때면〉은 아직 때 묻지 않았던 그 시절 내 사회 초년생 모습을 떠올리게 만드는 노래다. 벌써 20년도 훨씬 지난 이야기다. _김성대

이브(Eve)

너 그럴 때면

발매일 1998. 04. 30
앨범명 EVE
수록곡
1. Intro
2. 집착의 병자
3. 너 그럴 때면
4. Song 4 U
5. Today
6. 꽃을 너에게
7. 늑대 아저씨
8. Dreamer
9. Good Bye
10. 나의 그녀는
11. 너 그럴때면 (Piano ver.)
12. 너 그럴때면...(Hidden Track)

노래 듣기

금단의
노래

남성들의 노래방 금지곡. 이 곡을 설명하는 가장 간단하면서도 명쾌한 문장이다. 한 프로그램에 출연한 가수 나비와 걸스데이 멤버 소진은 '금지'를 넘어선 "금기곡"이라고 못을 박았다. 아마추어가 원곡의 맛을 살릴 수는 없고, 정작 고백을 받는 여성의 기분도 좋지 않으니 시도조차 말라는 의미다. 그렇게 〈고해〉는 엄연히 노래방 책에 등장하지만, 부를 수는 없는 '금단의 곡'으로 봉인되어 오고 있다.

하지만 금기란 언제나 욕망을 불러오는 법. 수많은 사내들이 매일 밤 악을 쓰며 이 노래에 도전한다. 그들은 대부분 참담한 결말을 맞는다. 마이크만 빼앗기면 그나마 다행이다. 핏대를 세우던 와중에 '강제 종료'되는 수모의 광경을 코앞에서 본 일도 있다. 저 어딘가에 고수가 숨어 있을지는 모르지만 백이면 백 다른 노래를 고르는 게 현명한 선택이다. 자칫하다간 영원한 안주거리가 될 수 있다.

아니, 애초 임재범의 전 곡을 '노래방 금지곡'으로 지정하는 편이 나을지도 모른다. 솔의 깊이를 간직한 〈너를 위해〉는 올라가는가?

〈사랑보다 깊은 상처〉를 부르려면 박정현 파트를 대신할 여성 보컬이 있어야 하는데, 그런 인재가 있기는 한가? 적어도 내 주변엔 없다.

그중에서도 〈고해〉는 최종 보스에 해당한다. 음이 높은 게 문제가 아니다. 임재범 특유의 음색과 무게감이 높은 허들을 형성하고, 코러스에서 폭발하는 느낌을 주는 건 불가능에 가깝다. 그렇다면 그냥 닥치고 듣는 게 정답 아닐까? 세상의 모든 노래들은 감상을 위해 태어났다지만, 이건 다른 곡들보다 조금 더 감상용이다. 그러니 조용히 CD를 넣고 들으시라. 과욕을 부리다간 고해(苦海), 고통의 바다에 던져질 수 있다.

저 처절한 절규의 대상은 누굴까? 과거 임재범은 자신의 노래를 부르게 될 박완규에게 이 노래의 함의에 대해 언급한 바 있다. '그녀'는 여성이 아니라 개인적인 종교, 즉 신앙이라는 것이었다. 저 유명한 도입부가 태어나게 된 경위였다. 절망에 빠진 화자는 신께 묻는다.

어떻게 해야 할지를 모르겠습니다. 방향을 잃었습니다. 제발 가르쳐 주세요.

하지만 이 노래가 크게 사랑받게 된 것은 사람들이 '그녀'를 글자 그대로 받아들였기 때문이 아닐까? 어쩌면 '그녀'는 사회에서 금지된 사랑 대상인 것은 아닐까? 모두가 손가락질하고, 비난하게 되고야 마는 사랑. 그것은 윤리나 도덕을 파괴하는 사랑일지도 모른다.

여기 그런 사랑이 있다. 「양철북」(1979)으로 우리에게 잘 알려진 폴커 슐뢴도르프 감독의 「사랑과 슬픔의 여로」(1991)는 한눈에 끌리게 된 두 남녀가 맞이하게 된 섬뜩하고도 슬픈 비극을 그린다. 여행 중인 중년 엔지니어 발터는 우연히 자베트라는 아름다운 여성을 만나 사랑에 빠진다. 두 사람은 함께 이탈리아로 향하게 되는데, 발터는 자베트가 옛 애인 한나의 딸이며, 한나와 헤어졌을 당시 그녀가 임신한 상태였다는 것을 떠올린다. 자베트는 자신의 딸이었던 것이다.

아버지와 딸의 사랑. 애초에 성립할 수 없고, 성립되어서도 안 되는 관계. 극중에서 자베트는 독사에 물리게 되고, 생존 확률은 높았지만 다른 이유(뱀을 피하려다 돌에 부딪혀 발생한 머리 부상)로 죽음에 이른다. (이후 이야기가 나오는 소설을 보면) 어이없게 딸을 잃어버린 발터는 위암 수술을 받게 된다. 뛰어난 엔지니어로 과학을 철저히 신뢰하는 한편 모든 것을 분석 가능하다고 믿었던 발터. 하지만 그는 자신에게 던져진 운명 앞에 무력했다. 딸과 연애하게 되었으며, 도저히 예측이 불가능했던 사고로 그녀를 잃게 되었다. 암을 절제하긴 했지만, 그 예후가 어떻게 될지 아무도 모른다. 그러니까 인간이 합리적이라는 전제는 이제 아무런 도움이 되지 못한다. 원작 소설의 제목이 『호모 파버』(1957), 즉 '도구적 인간'이라는 건 웃픈 아이러니다.

물론 노래를 직접 부른 사람이 말했던 것처럼 〈고해〉를 이해하는 게 가장 바람직할 수 있다. 하지만 곡을 수용하는 건 대중의 몫이니, 설령 그들이 '오독'했을지라도 굳이 바로잡을 필요까진 없어 보인다. 그래서 누군가에겐 종교적인 노래일 수 있겠지만, 누군가에겐 금지된 사랑의 노래일 수 있다. 다양한 해석을 낳을 수 있다는 점에서 〈고해〉는 흥미로운 텍스트다.

임재범은 박완규에게 "힘을 빼고 부르라."라고 말했다. 어디까지나

박완규라는 괴물 가수에게만 줄 수 있는 조언이고, 박완규이기 때문에 실행 가능한 것이라고 보면 된다. 스스로 힘을 조절할 수 있다는 건 그가 이미 타고난 노래꾼이라는 증거가 아닐까. 우리가 저 조언을 새겨듣는다고 나아질 것은 없다. 가수들의 콘서트장에 갈 때마다 "같이 불러요."라는 말에 흠칫 놀라곤 했는데, 그들은 가장 어려운 대목을 넘겨주곤 했기 때문이었다. 그걸 부를 수 있었다면 우리의 직업은 지금과는 사뭇 달라졌을 것이다. _이경준_

임재범

고해

발매일 1998. 08. 01
앨범명 Return to the Rock
수록곡
1. Intro(고해)
2. 고해
3. Myth
4. Blue("Alcohol" English ver.)
5. Atlantis
6. Exodus
7. War And Order("진혼" English ver.)
8. 또다른 만남의 시간
9. Adam
10. Alcohol
11. Mu
12. 진혼

노래 듣기

발라드 황태자가 들려준
강렬한 한 방

1990년대 말부터 2000년대 초반까지의 가요계 분위기를 기억한다면, 조성모가 얼마나 대단했는지 공감할 것이다. 조성모는 1998년 데뷔 앨범《To Heaven》을 발표하자마자 폭발적인 인기를 끌며 대형 가수가 됐고, 이후 내놓는 앨범마다 밀리언셀러를 기록하는 괴물 같은 행보를 보여줬다. 2000년에는 리메이크 앨범《Classic》과 3집《Let Me Love》로 연이어 밀리언셀러를 기록하며 그해 앨범 판매량 순위 1, 2위를 동시에 차지하는 전설 같은 기록을 세우기도 했다.

드라마타이즈 뮤직비디오의 붐을 일으킨 주역도 조성모였다. 조성모의 신곡이 나올 때마다 뮤직비디오에 어떤 배우가 출연했느냐가 스포츠신문 1면을 일제히 장식하곤 했다. 이병헌, 배용준, 이영애, 최지우, 권상우, 소지섭, 한지민 등 지금까지도 톱스타인 정상급 배우들이 앞다퉈 조성모의 뮤직비디오에 출연했다. 조성모는 '발라드의 황제'라고 불렸던 신승훈에 이어 '발라드의 황태자'라는 별명을 얻으며 가요계를 넘어 연예계 최고의 스타로 떠올랐다.

그뿐인가. '얼굴 없는 가수'의 원조 또한 조성모였다. 조성모는 데뷔 앨범을 발표하고 공식 무대에 오르는 대신 뮤직비디오만 대중에 공개하는 파격적인 홍보 전략을 시도했다. 조성모의 목소리만 나오고 실체가 공개되지 않자, 외모가 별로여서 두대에 서지 못한다는 소문이 파다하게 돌았다. 소문은 데뷔한 지 한 달여가 흘러 조성모가 KBS 2TV 「이소라의 프로포즈」 무대에 출연하면서 바로 사그라졌다. 외모까지 훌륭한 '꽃미남'이었으니 말이다. 인기에 더 불이 붙었음은 물론이다. 이 같은 신비주의 전략의 성공으로 스카이, 왁스, 조PD 등 여러 '얼굴 없는 가수'의 데뷔가 줄을 이었다. 조성모는 대한민국 연예계에서 하나의 현상이었다.

이러니저러니 해도 가수는 결국 가창력으로 평가받는다. 조성모가 다시 어마어마한 인기를 누릴 수 있었던 이유 역시 '신이 내렸다'는 평가를 받았던 목소리 때문이다. 당시 남녀를 막론하고 조성모보다 미성인 보컬리스트가 흔치 않았다. 게다가 조성모의 목소리는 미성이라고만 표현하기에는 부족할 정도로 특별했다. 미성에 힘을 주면 부드러움을 유지하기가 힘들다. 데뷔 때 미성을 들려줬다가 점점 음색이 바뀐 윤종신이 대표적인 사례다. 조성모는 로커처럼 폭발력이 강한 목소리를 들려주면서도 미성의 부드러움을 잃지 않았던 보기 드문 보컬리스트였다.

조성모는 데뷔곡인 〈To Heaven〉으로 공전의 히트를 기록한 데 이어 후속곡인 록 발라드 〈불멸의 사랑〉으로도 큰 인기를 얻으며 화려한 스포트라이트를 받았다. 〈불멸의 사랑〉은 조성모의 미성이 록 발라드에도 잘 어울린다는 걸 증명해 보이며 장르를 넘나드는(심지어

〈후회〉라는 댄스곡으로도 히트를 쳤다) 슈퍼스타의 탄생을 알렸다. 동시에 이 노래는 노래를 좀 부른다고 자부하는 남자들을 노래방으로 끌어모으며 '고음병 환자'로 만드는 부작용(?)을 일으키기도 했다.

'고음병 환자'라는 단어를 보니 90년대 말 질풍노도의 시절이 떠오른다. 당시 가요를 삿된 것으로 취급하는 메탈 키드였던 나는 조성모를 애써 무시해왔는데, 〈불멸의 사랑〉의 마지막 부분에서 그가 들려준 목소리만큼은 무시할 수 없을 정도로 어마어마했다. 어떻게 저런 미성으로 스틸 하트의 〈She's Gone〉처럼 3옥타브를 훌쩍 넘기는 강렬한 샤우팅을 구사할 수 있는지 믿기지 않았다. 그런데 뮤직비디오에선 앨범에 실린 노래와 달리 샤우팅이 가성으로 처리돼 있었다. 라이브에서도 조성모는 샤우팅 대신 가성으로 노래를 흐느끼듯 소화했다.

이 때문에 주위에서 웃지 못할 일도 일어났다. 쉬는 시간만 되면 교실 한구석에 모인 메탈 키드들 사이에서 과연 조성모가 로커처럼 샤우팅이 가능한가를 두고 예송논쟁처럼 진지하게 난상 토론이 벌어진 것이다. 조성모를 옹호했던 녀석은 라이브에서 무리하지 않기 위해 가성을 쓰는 거라고 주장했고, 조성모를 무시했던 녀석은 앨범에 실린 목소리는 컴퓨터로 조작한 것일지도 모른다는 의혹을 제기했다. 나는 후자에 힘을 실어줬다. 그렇게 내게 〈불멸의 사랑〉은 '이 불킥'의 기억으로 남아 있다.

사실 이 노래는 구본승과 장동건이 1998년에 낸 듀엣 앨범《Bon Seung & Dong Gun》에 먼저 담겼다. 그런데 이 앨범에 담긴 원곡을 부른 목소리의 주인공은 따로 있다. 여기서 이 노래를 작사·작곡한 양정승을 확인해야 한다. 양정승은 간간이 솔로 가수로도 활동했는데, 그가 활동 당시 들려준 목소리와 원곡에 실린 목소리가 같다. 이유를 알 수 없지만, 조성모의 앨범에 담긴 〈불멸의 사랑〉의 마지막 부분과 원곡의 마지막 부분의 목소리도 같다. 이 논쟁의 진실(?)에 관해 조성모가 직접 해명한 일은 없지만, 정황상 〈불멸의 사랑〉 마지막 부분은 그의 목소리가 아니다.

하지만 노래의 주인은 따로 있나 보다. 구본승과 장동건이라는 톱스타를 내세우고도, 만든 사람이 직접 부르고도 알려지지 못한 노래가 뒤늦게 조성모라는 신인을 만나 불멸의 히트곡으로 남았으니 말이다. 원곡과 조성모의 노래를 비교해 들어보면 알 것이다. 양정승에겐 미안한 말이지만, 조성모가 이 노래에 훨씬 잘 어울리고 훨씬 노래를 잘 부른다. 샤우팅만 빼고. _정진영

조성모

불멸의 사랑

발매일 1998. 09. 03
앨범명 To Heaven
수록곡
1. To Heaven(천국으로 보낸 편지)
2. 후회
3. 불멸의 사랑
4. 세상의 이별
5. 마지막까지
6. 슬픈 기대
7. 마지막까지(Ballad)
8. Best
9. 두 남자 이야기(Two Men Story)
10. To Heaven(Reprise)

노래 듣기

1990년대
판타지 순애보의 대표곡

부모의 반대로 헤어지게 된 연인. 예술의 고전적 테마다. 어쩐지 한국 막장 드라마에서나 다뤘을 법 하지만, 그렇지 않다. 서양에도 널렸으니까. 로미오와 줄리엣, 피라모스와 티스베. 꼭 문학 작품을 거론할 필요도 없는데, 주위에서 어렵지 않게 볼 수 있기 때문이다.

그런 연인 관계라면 결혼까지 생각한 사이일 것이다. 깊게 사귄 두 사람이 마주한 비극은 부모의 '승인'이 있어야만 가능한 사랑이라는 점이다. 사실 다 큰 성인 남녀에게 허락이란 잉여적인 절차일지 모르나, 결혼 상대를 부모에게 소개한다는 건 오랜 시간 굉장히 중요한 가정의례처럼 간주되어 왔다. 하지만 현실의 장벽 앞에 결국 이루어지지 못한 사랑.

K2의 세 번째 앨범 《Vocalist》(1999)에 수록된 〈유리의 성〉은 제대로 '이별 발라드'의 클리셰를 따르고 있는 곡이다. 정확히 말하면 〈그녀의 연인에게〉, 〈눈부신 이별(너의 결혼식에서)〉, 〈유리의 성〉으로 이어지는 이별 3부작의 마지막 파트라 할 수 있다. 여자 집안의

반대로 연인을 다른 남자에게 보내야만 했던 남자. 그는 그녀의 새로운 연인에게 여자를 잘 부탁한 뒤, 식장에 참석해 행복을 빌어 준다.

쿨하고 착한 남자라고? 그럴 리가. 이어지는 스토리를 보면 생각이 바뀔 것이다. 하이라이트라 할 수 있는 〈유리의 성〉에서 멋지게 돌아선 남자는 곧 허물어진 채, 목 놓아 절규한다. 록 발라드 마니아라면 다 알만한 저 후렴구가 휘몰아치는 절정부다. 그는 다음 세상에 다시 만나 하늘 위에 둘만의 성을 짓고 살아가자고 사자후를 토한다. 이쯤이면 말로는 다 하기 힘든 사랑이다. 유사한 경험을 해 봤던 남자들이 열광한 데는 다 까닭이 있었다.

프랑스인 작가 크리스티앙 보뱅의 책 중에 『사랑은 죽음처럼 강하다』(1996)가 있다. 유부녀 지슬렌느와 만난 그 순간부터 사랑에 빠진 주인공은 이후 16년 동안이나 그녀에 대한 마음을 유지한다. 그리고 지슬렌느가 죽기 며칠 전에야 그녀에 대한 책을 쓸 것이라고 말한다. 세상에는 이렇듯 격동적이고 이성을 마비시키는 종류의 사랑이 있다. 〈유리의 성〉에 그려진 사랑은 어쩌면 이보다 더 격렬하고 유독하며 '죽음보다 더 강해야만 하는' 것이다. 남자는 이미 내세에 그녀와 함께 사랑을 완성하겠다고 굳게 결심해 두었기 때문이다.

그보다 이걸 짚고 넘어가야 한다. 남자는 왜 '유리의 성'을 약속했는가? 처음 이 노래를 들었을 땐 이게 의아했다. 유리는 기본적으로 쉽게 깨지는 물질, 다음 세상에서 사랑을 이루기 위해서는 더 견고한 성채가 있어야 하지 않는가? 혹 유리가 예뻐서일지 모른다고 생각했지만, 유리보다 아름다운 물질은 많고 많으므로 그건 아닌 것 같았다. 또 다른 해석은 유리를 '투명, 순수'의 이미지에 대입하는 것이다. 우리의 사랑은 그 누구로부터 오염되거나 훼손될 수 없으며, 영원히 맑고 깨끗하리라. 여기가 우리의 성역이다. 이쪽 해석이 더 타당하게 들린다.

그렇기에 이 노래는 완벽한 '판타지 구조' 속에서 돌아가게 된다. 기실 록 발라드의 99퍼센트는 그러한 구조로 짜여 있다. 당연하게도 그 상상은 희망 속에서 작동하는 것은 아니다. 남자는 알고 있다. 자신이 어떤 경로로든 그녀와 맺어질 수 없다는 것을. 현세에선 승부가 났고, 우리가 가진 과학 지식으로 내세의 존재가 입증되지 않았으므로 그녀와 다음 세상에 만날 수 있다는 보장 역시 없기 때문이다.

2021년 한 여론조사에 의하면 만 19세에서 34세에 이르는 대한민국 청년의 65.5%가 현재 연애를 하고 있지 않다고 답했다. 경제적 요인도 크겠지만 연애 상대보다 나에게 더 집중하고 싶은 가치관의 변화도 무시하지 못할 이유였을 것이다. 2020년대의 연애 풍속도는 1990년대와는 확연히 다른데, 여기서 어느 게 옳다고 결론짓자는 것은 아니다. 다만 K2가 구현한 이 낭만적인 순애보는 지금 시점에서는 수명을 다한 게 아닐까, 싶다. 순애보라는 건 당사자의 의지가 없다면 애초에 생성되지 않는 것이니까.

K2의 1집에는 김윤희라는 인물이 쓴 자전적 연애담 『잃어버린 너』(1986)에 근거한 곡 〈잃어버린 너〉도 담겨 있는데, 이 노래는 한 술 더 뜬다. 교통사고를 당해 반신불수가 된 남자를 사랑하는 여자와 그녀의 남은 삶을 위해 도피하지만 끝내 재회하게 되는 남자의 이야기를 다루고 있기 때문이다. 이 통속극은 희대의 베스트셀러가 되었

고, 영화로도 제작되었다. 이 소설은 남자의 자살로 막을 내리게 되는데, 그 시절 대중예술을 들여다보면 확실히 지금과는 결이 다르다는 것을 알 수 있다.

하지만 현실은 드라마보다 더 드라마 같은 법. 가끔은 말문 막히게 하는 사랑이 우리에게 감동을 주곤 한다. 시한부 판정을 받은 아내 곁을 끝까지 지킨 한 남자의 이야기를 담은 〈어떻게 사랑이 그래요〉(2006)가 대표적일 것이다. 그럼에도 예술은 어디까지나 예술로 이해하는 게 좋겠지만 말이다. _이경준

K2

유리의 성

발매일 1999. 04. 01
앨범명 Vocalist
LIST
1. Prologue
2. 모래시계(Happy Together)
3. 그녀의 연인에게... #Story Ⅰ
4. ....
5. 널 위한 나
6. 눈부신 이별(너의 결혼식에서) #Story Ⅱ
7. Drive(With You)
8. Get Up!
9. 유리의 성 #Story Ⅲ
10. My Fair Lady
11. Good Nigh:
12. 도전
13. 사랑, 그 아름다운 비밀
14. 내 작은 바램
15. 눈부신 이별(Inst.)
16. 그녀의 연연에게...(Inst.)

노래 듣기

직접 부를 때
더 크게 느껴지는 환희

록 발라드는 조용히 감상할 때보다 직접 부를 때 더 즐거운 노래다. 노래방 기기 제작사들이 홈페이지에 공개하는 인기곡 차트를 확인해 보라. 음원 스트리밍 서비스 실시간 차트와 정말 다르지 않은가. 노래방 기기 인기곡 차트에서 가장 눈에 띄는 부분은 오래전에 발표돼 인기를 끌었던 록 발라드 명곡들이 붙박이로 높은 순위를 유지하고 있다는 점이다. 록 발라드를 신곡으로 들을 일이 거의 없을 정도로 음악 시장이 바뀐 지 오래인데, 노래방에선 여전히 록 발라드가 '메이저' 장르다.

왜 록 발라드가 노래방에서 이토록 사랑을 받는 걸까. 스트레스를 받을 때 소리를 지르면 속이 확 풀리지 않던가. 실제로 노래를 부르면 뇌에서 쾌감을 느끼게 하는 신경전달물질이 분비된다고 한다. 그렇다고 사무실이나 길거리에서 무턱대고 소리를 질렀다가는 정상인 취급을 받지 못할 테다. 우리 주변에서 소리를 질러도 누구 하나 이상하게 바라보지 않는 몇 안 되는 공간이 노래방이다. 목소리를

불현듯,
록 발라드

Chapter
2   1995-1999:
록의 전성시대

높여 불러야 하는 록 발라드만큼 스트레스를 풀기에 좋은 곡이 없다. 제대로 부르면 노래 솜씨를 뽐내며 매력 지수를 높일 수도 있다. 문제는 제대로 부르기 어렵다는 점일 테다. 록 발라드는 대부분 절정 부분에서 성대의 한계를 시험하니 말이다.

1999년 봄이 여름으로 넘어가는 문턱에서 한 신인 밴드가 데뷔 앨범을 발표했다. 밴드 이름은 히브리어로 '노려하다'라는 의미를 가진 야다(YADA), 《Wear to Healing YADA》라는 제목으로 발표한 데뷔 앨범의 타이틀곡은 〈이미 슬픈 사랑〉이었다. 이 노래는 당시 가요 프로그램 순위 차트에서 정상을 다투는 수준의 큰 인기를 끌진 못했지만, 가늘고 길게 오랫동안 차트에 머무르며 대중의 사랑을 받았다. 특히 본인이 노래를 좀 한다고 여겼던 남자들에게 그 인기가 대단했다. 나 역시 이 노래에 열광했던 남자 중 한 명이었다.

〈이미 슬픈 사랑〉은 음악만 살펴보면 특별할 게 없는 록 발라드다. 지나치다 싶을 정도로 전형적인 기승전결 구성, 조금은 뻔하게 느껴지는 편곡, 애절하지만 살짝 손발이 오그라드는 가사. 그런데도 이 노래가 남자를 사로잡으며 오랜 세월 록 발라드 명곡으로 남은 이유는 야다의 기타리스트이자 보컬리스트인 전인혁이 부른 후렴구 때문이다. 이 노래의 후렴구는 별다른 기교 없이 남자가 생목으로 올릴 수 있는 최대치의 고음으로 도배돼 있는데, 그 부분이 묘한 카타르시스를 주고 입술을 달싹거리게 한다. 가만히 앉아 노래를 감상하기만으로는 도저히 만족할 수 없다. 〈이미 슬픈 사랑〉은 직접 불러야 흥분을 가라앉힐 수 있는 노래다. 이런 흥분을 나처럼 어설픈 남자들만 느끼진 않은 모양이다. 이 노래를 커버한 보컬리스트가 김동명,

연규성, 이무진, 정동하, 정승환, 허각 등 한둘이 아닌 걸 보면 말이다. 심지어 야다보다 훨씬 선배인 권인하도 이 노래를 불렀다.

그런데 이 노래, 부르기가 만만치 않다. 〈이미 슬픈 사랑〉은 김경호의 록 발라드처럼 부를 시도조차 하기 어려운 노래는 아니다. 후렴구가 부담스럽긴 하지만, 그 정도 음역이라면 나도 멋지게 소화할 수 있다는 기대를 안고 노래방으로 향한다. 전반부를 무난하게 부르고 후렴구가 시작되는 순간, 그 생각이 얼마나 큰 착각이었는지 몸으로 깨닫게 된다. 음을 올릴 순 있다. 하지만 그 음을 오래 유지할 수가 없어서 목이 턱 막힌다. 노래를 부르는 게 아니라 차력을 하는 기분이 든다. 선택지는 두 가지다. 취소 버튼, 아니면 반음 내림 버튼. 어느 쪽이든 자존심을 구기긴 마찬가지이지만 말이다. 처음에 〈이미 슬픈 사랑〉을 만만하게 보고 노래방에서 불렀다가 식겁했던 기억이 지금도 생생하다. 이 노래는 '치즈 인 더 트랩'이다. 너무나도 유혹적이지만, 건드리는 순간 치명적인 결과를 낳는.

〈이미 슬픈 사랑〉에서 간과하면 안 될 부분 중 하나는 야다의 베이시스트인 김다현이 부른 전반부다. 만약 전인혁이 이 노래의 모든 부분을 불렀다면, 후렴구의 폭발력이 살아날 수 있었을까. 김다현의 부드러운 미성이 먼저 나와 받쳐줬기 때문에, 전인혁의 거친 목소리가 돋보일 수 있었다. 훗날 배우로 전향한 김다현은 '뮤지컬의 황태자'라는 별명을 얻었을 정도로 탁월한 노래 실력을 자랑하는 보컬리스트다. 야다는 전혀 다른 성향의 훌륭한 보컬리스트를 두 명이나 보유했던 흔치 않은 밴드였다. 김다현이 없었다면 〈이미 슬픈 사랑〉은 꽤 심심한 노래가 됐을 테다.

야다는 데뷔 이듬해인 2000년 2집 《Restructure》를 내놓으며 〈진혼〉과 〈사랑이 슬픔에게〉라는 걸출한 록 발라드로 〈이미 슬픈 사랑〉 못지않은 인기를 끌며 소포모어 징크스를 깼다. 2003년에는 3집 《Aquamarine》를 내놓으며 〈슬픈 다짐〉과 〈너에게 하고픈 말〉 등의 수록곡으로 대중의 사랑을 받았다. 이후 야다는 새 앨범을 더 내놓지 못하고 해체됐지만, 짧은 활동 기간에 남긴 여러 록 발라드는 여전히 많은 이들의 사랑을 받으며 전국 곳곳의 노래방에서 애창되고 있다. _정진영

야다(Yada)

이미 슬픈 사랑

발매일 1999. 04. 27
앨범명 Wear To Healing YADA
수록곡
1. Solo의 자부심
2. T.T
3. 이미 슬픈 사랑
4. Zero
5. 참아야하느니라(욱하는 성질 때문에)
6. 일탈
7. 동상이몽(同常異夢)
8. 바램
9. 사랑이라는 컷 또한
10. We Say Yes
11. 이미 슬픈 사랑(MR)
12. 일탈(MR)

노래 듣기

부른 이에겐
'양날의 검'이었던 노래

공식도, 약속도 아니건만 한국 남자들은 노래방에 가면 유독 록 발라드를 부르려 든다. 살짝 취기가 오르면 더 그렇다. 여기서 부르려 '든다.'라는 표현이 중요한데, 너나 할 것 없이 한 곡쯤은 부르려는 습성. 그건 일종의 경쟁이란 얘기다. 무슨 경쟁? 노래방에 함께 간 이성 (들)에게 잘 보이려는 경쟁. 적어도 90년대엔 그랬다. 김경호나 최재훈 노래 한 번 쌍쌍하게 부르고 나면 그날의 주인공이 될 수 있다는 걸 그 시절 남자들은 본능으로 알고 있었다. 부질없는 것인 줄 머리로는 알면서도 가슴 속 영웅 심리는 기어이 무리한 가창을 재촉했다. 자연스레 노래를 못 부르는 남자는 마이크를 기피하게 되고, 잘 부르는 남자는 틈만 나면 마이크(숟가락, 술병일 때도 있었다)를 집어 들려 했다. 비록 찰나일손, 그 순간만큼은 본인이 사람들의 주목을 받을 수 있는 드문 기회였기 때문이다. 쓰담쓰담 인정받고자 하는 '어른이'의 욕구는 30년 전 노래방에서도 깨알같이 자라고 있었다.

박완규의 99년 곡 〈천년의 사랑〉은 고음에 자신 있어 한 그 아마

추어 샤우터들이 노렸던, 하지만 대부분은 맥없이 나가떨어진 초절정 기교를 요한 노래였다. 인트로의 감정 잡기와 아우트로의 감정 분출 사이 균형감이 생명인 이 노래를 부를 수 있었던 남자들은 자리에 함께 있던 여성들은 물론, 절창을 우러러 듣던 남성들의 마음까지도 얻을 수 있었다. 그만큼 거대했고 압도적인 곡이었다. 부른 사람조차도 이제는 원키로 부를 수 없는 노래. 2000년대 초 더 크로스의 〈Don't Cry〉가 이어받는, 저러다 목이 남아날까 싶을 정도로 하늘 높은 줄 몰랐던 록 발라드 곡들의 고음 퍼레이드가 90년대에는 비일비재했다.

정말이지 97년도의 박완규는 대단했다. 비쩍 마른 몸으로 〈Lonely Night〉를 수월하게 불러 젖히던 그 모습은 지금 봐도 가슴 후련한 느낌을 준다. 부활의 리더 김태원은 대학로에서 조명 기사를 하던 박순규라는 사람에게 박완규를 소개받았다. 훗날 실력파 조명 감독으로 활약하게 되는 박순규는 박완규의 친누나였다. 누나를 통해 김태원 앞에 선 박완규는 레드 제플린의 〈Black Dog〉을 불렀고, 김태원은 로버트 플랜트보다 더 힘 있게 부르는 박완규에게 깊은 인상을 받는다. 단, 부활의 대표곡인 〈사랑할수톤〉을 아마추어보다 못 불렀다는 이유로 그의 영입은 잠깐 보류됐다. 하지만 〈Black Dog〉을 부르던 박완규의 모습이 뇌리에서 잊히지 않은 탓에 김태원은 처음으로 가수가 아닌 자신을 바꾸어보자고 결심, 박완규에게 부활의 마이크를 건넨다.

〈Lonely Night〉를 빼곤 정당한 평가를 받지 못한 《불의 발견》이 그렇게 97년 한국 대중에게 발견됐다. 하지만 서로운 부활은 시작부터 삐걱거렸다. 겨우 앨범 한 장에 참여한 박완규가 대뜸 부활을 나가리라 한 것이다. '지금 나가면 이용만 당할 거다. 〈너에게로〉까지만 부르고 가면 안 되겠니.' 나름 산전수전 다 겪어본 김태원이 말렸지만, 박완규는 자신이 알아서 한다는 말을 남기고 결국 부활을 떠났다. 그리고 2년 뒤 발표한 곡이 바로 〈천년의 사랑〉이다. 나인 인치 네일스의 앨범 〈The Fragile〉이 빌보드 차트 1위에 오르던 세기말, 나는 이 노래를 군대에서 들었다. 2000년 6월에 제대했으니 상병 시절이었을 거다. 그 당시 김태원의 그늘에서 벗어난 박완규의 목소리는 거칠 게 없어보였다. 영겁의 사랑을 다룬 곡 주제에 맞게 그의 가창은 마치 속세의 모든 거추장스러운 것들을 팽개치듯 세차게 날아올랐다. 때는 마침 양귀자의 소설 『천년의 사랑』과 강제규 감독의 「은행나무 침대」를 대중이 겪은 이후였던 데다, 미야자키 하야오의 「모노노케 히메」가 시장을 정리해버린 애니메이션의 시대이기도 했다. 작사가 이현규가 저 두 작품에 영향을 받았는지는 모르겠지만 분명 와타나베 신이치로의 「카우보이 비밥」이 뮤직비디오에 인용된 〈천년의 사랑〉이 발표되기에 그보다 더 나은 환경, 타이밍은 없어 보였다.

그런데 누가 봐도 돈방석에 앉았을 것 같았던 박완규는 〈천년의 사랑〉을 부르고 천 톤의 한숨을 내쉬어야 했다. 거리를 수놓으며 시대를 풍미했던 곡의 인기는 천국에 있었지만, 아이 분유 값과 카드 결제 날을 걱정해야 했던 박완규의 일상은 지옥에 가까웠던 것이다. 황당한 건 당시 박완규는 〈천년의 사랑〉을 담은 앨범 《천년지애(千年之愛)》가 고작 2만 3천 장 정도 나간 줄 알고 있었다는 사실이다. 90년대는 요즘과 달라 가수가 자신의 작품 판매고를 알 방법이 없었다. 노래 속의 저 비통한 간절함이 가수가 처한 현실의 정서였을 줄이야. 《천년지애(千年之愛)》의 커버 사진을 보면 장검에 비친 박완규의 불안한 눈빛을 볼 수 있다. 혹 자신이 감당할 영광 뒤 상처를 본 것일까. 스트라토바리우스의 〈Before the Winter〉를 닮은 〈천년의 사랑〉은 그렇게 박완규의 가능성을 타진하며 박완규의 가능성을 집어삼킨 양날의 검이 되어 90년대 가요사를 조용히 그었다. _김성대

박완규

천년의 사랑

발매일 1999. 10. 01
앨범명 천년지애(千年之愛)
수록곡
1. Inferno
2. 천년의 사랑
3. 약속
4. Till To The Rainbow
5. 너의 눈물을 내가 볼 수 있도록
6. 새로운 모습으로
7. 남겨진 날들
8. 진심(眞心)
9. 자유
10. Angel
11. One More Try
12. 태양의 꿈

노래 듣기

데뷔와 동시에
신드롬이 된 록 발라디어

지금도 그런지는 모르겠지만 90년대 후반~2000년대 초 군대에선 점호 전 청소 시간에 당시 유행가들을 확인할 수 있었다. 이등병은 침상 닦기, 일병은 바닥 쓸기, 상병은 바닥 닦기와 관물대 '각 잡기' 등을 할 때 음악은 그저 병사들의 청소 사기(?)를 북돋워주기 위한 단 하나의 목적으로 내무실과 부대 복도를 폭발적인 데시벨로 울려대 곤 했다. 강제로라도 즐거워야 했던 청소 시간의 배경 음악을 책임 진, 누가 어디서 구해왔는지도 모를 그 시절 '인기가요 베스트' 테이프는 그래서 지금으로 치면 사병들의 '스트리밍 탑 100'이었다.

아레사 프랭클린이 록을 불렀다면 그랬을까. 서문탁이라는 가수의 우레 같은 목소리가 내 귀를 덮친 것도 그 세기말의 어느 날 저녁 청소 시간이었다. 당시 내 계급은 병장 진급을 두 달 정도 앞둔 때로, 지금은 그 이름도 생소한 '인터넷 정보 검색사'를 사회 복귀 명목으로 준비하던 인터넷의 기원전 같은 시대였다. 집 주소 외의 주소 (메일 주소)는 그 자체가 생소했고, 스마트폰의 광풍도 몰아치려면

한참을 더 기다려야 했던 디지털 원시 시대에 드라마 음악감독으로 유명한 박세준의 멜로디를 걸쭉한 음석에 얹어 쏟아낸 서문탁의 외침은 그래서 한편으론 곧 디지털에 무릎 꿇을 아날로그의 마지막 절규처럼도 들렸다. 록을 사랑했던 당시 내 귀와 정서는 그렇게 벼락처럼 내무실을 뒤흔든 〈사랑, 결코 시들지 않는...〉에 송두리째 빨려 들어갔다.

많은 사람들이 그랬던 걸로 아는데, 처음 그의 목소리만으론 성별을 가늠하기 어려웠다. 서문탁의 보이스 톤은 "서울 사대문에서 가장 으뜸가는 가수"라는 뜻을 지닌 '서문+탁'이라는 예명(그의 본명은 '이수진'이다)만큼이나 비밀스러운 중성을 띠고 있었다. 데뷔 앨범 제목도 《Asura》여서인지, 그의 목소리엔 무언지 모를 서늘함마저 감돌았다. 그런 그가 소찬휘와 도원경을 잇는, 그리고 마야에 앞선 여성 로커로 밝혀진 뒤 이 노래는 정경화의 〈나에게로의 초대〉와 함께 노래방에서 노래 좀 한다는 여성 손님들이 도전하는 대표적인 록 발라드 곡이 되었다. 물론 남자들이 박완구와 김경호, 최재훈과 서준서를 입력했다 낭패 보는 일이 흔했듯, 서문탁의 곡 역시 얕보고 덤볐다가는 분위기만 썰렁하게 만들 불가능한 미션에 가까웠지만. 특히 마지막 후렴구에서 더 높이 찌르는 마무리는 그야말로 '넘사벽'이었으니, 〈사랑, 결코 시들지 않는...〉은 그렇게 세기말과 세기 초 한국 여성 싱어의 가창력을 따질 때 반드시 언급되는 걸출한 기준이 되어갔다.

플라워의 〈Endless〉마냥, 노래에 자신 있는 가수들이 흔히 택하곤 했던 '후렴구의 전진 배치' 구성으로 클래시컬 현악 전주를 밴드 세션으로 찢으며 득달 같이 쏟아져 들어온 서문탁의 가창은 가히 한국 록 발라드의 절경이요, 절정이었다. 그 절경은 실제 영상으로도 펼쳐졌다. 기찻길에 섰거나 밴드와 합주하는 서문탁과 아직 「야인시대」를 찍기 전의 안재모가 오토바이를 타고 질주하는 모습을 담은 뮤직비디오는 서문탁 데뷔 한 해 전 조성모가 불을 지핀 이른바 '드라마 타이즈' 뮤직비디오 붐이 고개를 들던 시절에 어울리는 미장센을 과시하며 혜성처럼 등장한 록 발라디어를 대중 앞에 성큼 데려갔다.

그러나 데뷔와 동시에 신드롬이 된 가수 서문탁의 앞날은 생각만큼 평탄치 못했다. 포장마차로 네 딸을 키우신 엄마에게 경제적 보탬을 드리려 택한 가수의 길이었건만, 하루 대여섯 개 스케줄을 소화해야 할 정도로 바쁜 일상은 정작 그에겐 무의미한 나날이었다. 음악도 내 것이 아니었고 돈도 내 것이 아니었다. 이때까지도 여전히 존재한 잘못된 연예계 계약 관행은 결국 잘나가던 서문탁을 회의에 빠뜨렸다. 주위에선 스타가 됐으니 형편이 좋아졌으리라 여겨 스스로도 최면을 걸어야 했던 고통스러운 상황에서 서문탁은 고민 끝에 "연예인이라는 허울 속에 가려진 위선"에 더는 자신의 소중한 인생을 낭비하지 않기로 마음먹는다. 결과적으로 의미심장한 제목이 되어버린 〈놓아줘〉라는 곡이 실린 3집을 끝으로 한국 소속사와 계약 관계를 끝낸 그는 그대로 일본에 건너가 세계적인 기타리스트 마티 프리드먼이 참여한 〈Marionette〉 등을 발표하며 음악가로서 제2막을 연다(그의 유학 의지는 일본에서 돌아와 라이브 카페 무대에서 번 돈으로 마련한 집을 팔아 오른 미국 버클리 음대 행으로까지 이어

진다). 사람들은 그가 일본에 가면 대중의 망각에 희생되리라 예상했지만, "꽃병 물을 갈지 않으면 꽃은 시들어 죽는다."라는 생각으로 의지를 불사른 서문탁은 끝내 그 예상을 물리치고 더 많은 대중에게 자신을 어필했다. 그러고 보면 〈사랑, 결코 시들지 않는...〉에서 '사랑'이란 결코 시들지 않는 서문탁 또는 이수진 자신을 가리켰던 듯도 하다. _김성대

서문탁

사랑, 결코 시들지 않는...

발매일 1999. 10. 01
앨범명 Asura
수록곡
1. 처음
2. 사랑, 결코 시들지 않는...
3. Loving Me, Loving You
4. D.N.A(Devil & Angel)
5. 분수(噴水)
6. 각인
7. 기다림 끝나는 날
8. 거짓말
9. 매미의 꿈
10. 스토커

노래 듣기

한국 블록버스터
록 발라드의 황금기

종말에 관한 불안함과 미래를 향한 기대감이 혼재됐던 세기말 감성의 영향 때문일까. 1990년대 중후반에는 유난히 〈영원〉이라는 제목을 가진 노래가 많았다. 김종서, 박정운, 사준, 서태지와 아이들, 조관우 등 당대의 여러 인기 가수가 〈영원〉을 노래한 덕분에 노래방에서 실수로 번호를 잘못 눌러 엉뚱한 〈영원〉를 예약하는 촌극이 자주 벌어지곤 했다. 그중 가장 많은 사랑을 받았던 노래는 세기말 분위기가 절정에 달했던 1999년 말에 발표된 스카이의 데뷔 앨범《Final Fantasy》의 타이틀곡 〈영원〉이라는 데 이견이 없을 테다.

세기말 감성 하면 떠오르는 문화 중 하나는 드라마타이즈 뮤직비디오 아닐까. 그 시절에는 수십억 원에 달하는 거액의 제작비를 들여 톱스타를 대거 캐스팅해 노래보다 훨씬 긴 분량의 스토리가 있는 영상을 뽑아내는 뮤직비디오가 많았다. 이런 뮤직비디오에 어울리는 노래는 역시 기승전결이 확실하고 감성적인 멜로디와 애절한 가사가 어우러지는 발라드였다. 본격적으로 음원 스트리밍 서비스가 이뤄지기 전이어서 심심치 않게 밀리언셀러가 나오는 등 음반 시장이 살아있던 시절이다. 뮤직비디오가 화제를 모으면 바로 앨범 판매량 급증으로 이어지니 거액의 제작비를 들일 만했다. 그 절정의 순간에 '얼굴 없는 가수' 스카이의 〈영원〉이 있었다.

〈영원〉의 뮤직비디오는 꽤 오랜 시간이 흐른 다시 봐도 대단하다. 캐나다 현지 로케이션 제작, 해외 입양이라는 민감한 사회 문제를 다룬 주제, 입양으로 헤어진 두 형제가 서로 총을 겨누는 사이로 재회하는 비극을 그린 스토리텔링(참고로 이 뮤직비디오는 SBS 드라마 「카인과 아벨」의 원안이기도 하다). 이보다 더 많은 주목을 받은 부분은 초호화 캐스팅이다. 당대 최고의 인기 배우였던 장동건과 차인표가 주연을 맡아 형제로 출연하고, 김규리가 장동건의 연인 역을 맡아 열연을 펼친다. 정준호의 출연 분량은 고작 카메오 수준이고, 갱 역할을 맡은 이서진은 지금 보면 '흑역사' 수준으로 촌스러운 비주얼이란 점도 놀랍다. 지금 이들을 한자리에 모아 뮤직비디오를 제작하려면 도대체 제작비를 얼마나 들여야 할까. 세기말은 이런 낭만이 가능했던 시절이었다.

아무리 잘 만든 뮤직비디오여도 주재료인 노래가 별로였다면 이만큼 주목을 받긴 어려웠을 테다. 나는 이 노래를 처음 들었던 순간의 기억이 지금도 생생하다. 웅장한 오케스트라 연주와 강렬한 기타 리프가 대비를 이루며 절묘하게 교차하는 전주를 들었을 때, 내 머릿속에 떠오른 단어는 '멋있다.'였다. 이 노래는 전주만으로도 절반은 먹고 들어간다. 밴드 플라워의 기타리스트로 활동하며 〈Endless〉, 〈눈물〉, 〈Please〉, 〈For you〉 등 록 발라드 명곡을 만든 고성진이 작곡했다. 마치 땅에서 하늘로 올라가는 기분을 느끼게 하는 애절한 가사는 어떠한가. 성진우의 〈포기하지 마〉, 임상아의 〈뮤지컬〉, 엄정화의 〈배반의 장미〉, 터보의 〈나 어릴 적 꿈〉, 김종국의 〈사랑스러워〉등 장르를 넘나들며 수많은 히트곡을 쏟아낸 주영훈의 손끝에서 나온 솜씨다. 〈영원〉은 둘이 최고의 기량을 보여주던 시절에 나온 최상의 결과물인 셈이다.

아무리 노래가 좋아도 보컬리스트가 이를 제대로 소화하지 못하면 소용없다. 노래에 온전히 녹아들어 절정으로 치닫던 호소력 짙은 허스키 보이스가 없었다면, 이 노래가 과연 완성될 수 있었을까. 노래가 인기를 얻을수록 신비주의 콘셉트 아래에 숨어있는 스카이에 관한 대중의 궁금증은 더 커져만 갔다. 마침내 스카이의 정체가 공개된 순간은 세기말 대한민국 대중음악계의 하이라이트이자 반전의 드라마였다고 말해도 과언이 아니다. 그가 가요 순위 프로그램 무대에 선 모습을 봤을 때 나는 '입틀막'을 하고 말았다. 배우 최진실의 동생인 최진영이 스카이였을 줄이야.

최진영은 한동안 대중에 잊힌 존재였다. 준수한 외모와 연기로 여러 영화와 드라마에 출연해 인기를 끌었지만, 대한민국 최고의 인기 배우였던 누나는 그에게 걷어내기 어려운 그늘이었을 테다. 군 복무를 마치고 간간이 연기 활동을 하던 그는 언젠가부터 모습을 감추고 대중의 관심에서 멀어졌다. 그랬던 그가 가수로 돌아올 줄은 누구도 예상하지 못했기 때문에 스카이의 정체가 밝혀졌을 당시 충격파는 대단했다. 이로써 최진영은 누나의 그늘에서 벗어나 홀로서기에 성공하며 생에 가장 빛나는 순간을 맞게 됐다. 여담인데 이 노래

는 김정민에게 갈 예정이었지만, 데모 버전을 들은 최진영이 김정민에게 자기가 부르고 싶다고 강력하게 요청해 주인이 바뀌었다. 자기 노래를 제대로 알아본 최진영의 감각도 목소리만큼 훌륭했다고 말할 수 있다.

안타깝게도 영광의 순간은 길게 이어지지 않았다. 이후 두 남매를 둘러싸고 차례로 벌어진 비극은 지나치게 유명하므로 그에 관해 사족을 보태진 않겠다. 사람은 갔어도 노래는 남았다. 그리고 그 노래는 한국 블록버스터 록 발라드의 황금기 가운데에 한 페이지를 기록하며 영원을 꿈꾸고 있다. _정진영

스카이(SKY)

영원

발매일 1999. 11. 16
앨범명 Final Fantasy
수록곡
1. 영원
2. 회상(Instrumental)
3. My Lady
4. Blue Morning
5. 작은 시간
6. Feel Empty
7. 언제나 항상 내곁에
8. The best is yet to come
9. 영원(Bonus track. MR)
10. 반전(反轉)

노래 듣기

J의
죽음

때 이르게 멀리 떠나간 사람에 대한 노래다. 이곳과 다른 세상으로.
누구에게나 비슷한 경험은 있을 것이다. 내게도 있다.

2017년 1월 30일, 선배가 죽었다는 전갈을 받곤 급하게 대전으로
향했다. 영어영문학과 1년 선배였던 J는 아마 나와 가장 많이 소주를
마셨던 사람일 것이다. 같은 학회원인 우리는 하루가 멀다 하고 술
자리를 가졌다. 날씨 핑계로 마시고, 잘 풀리지 않는 연애를 빌미로
마시고, 심지어 시험 기간에도 마셨다. 철부지들에게 대책 따윈 없었
지만, 그저 해맑게 즐거웠던 나날이었다. 취기가 오르면 형은 상대방
귀에다 속삭이는 주사가 있었는데, 잠시 후 피해자의 귓속은 침방울
로 흥건해졌다. 어쨌든 나만 아니면 돼! 모두 껄껄 웃었다.

형은 중증 수준의 알코올 중독자였다. 하숙집에서 매일 두세 병의
소주를 비워댔고, 술집에서 떡이 되도록 마신 뒤에도 편의점에 들러
소주를 사곤 했다. 문과생 모두가 들어야 했던 자연계 필수 과목 생
명과학개론 시간. 그는 플라스틱 물통에 소주를 담아 빨대로 쪽쪽

빨아먹는 기행을 저질렀다. 목이 잔뜩 늘어난 다르크스 티셔츠를 입은 채로. 어이없다는 표정을 짓는 나를 향해 그는 특유의 미소를 보였다. 술 냄새가 진동했다.

대학을 졸업한 뒤 한동안 연락이 끊겼던 형으로부터 전화가 온 건 그로부터 시간이 한참 흐른 뒤였다. 형은 하루 두 갑 넘게 태우던 담배를 끊고, 술도 거의 마시지 않는다고 했다. 오, 놀라워라. 그런데 더 놀라웠던 건 그의 직업이었다. 형은 수학 과외로 큰돈을 벌고 있다고 했다. 아니, 영문학과 졸업생이 수학 강사를? 의문을 품는 내게 그는 수강생이 늘고 있다며, 가르치는 게 너무 재미있고 이제야 적성을 찾은 것 같다고 말했다. 전화를 끊기 전, 형은 언제 한 번 대전에 내려오라고, 먹어보지 못한 맛있는 음식을 사 주겠다고 덧붙였다.

우리는 몇 주 후엔가 대전 어딘가에서 만났다. 맛있는 음식이란 샤브샤브였고, 그는 자작해진 육수에 달걀을 휘휘 풀어 만든 정체불명의 죽을 내게 건넸다. 이렇게 먹으면 천상의 맛이라며. 형과의 마지막 식사였다.

갑작스러운 형의 부고를 듣게 된 건 달걀죽이 기억 저편으로 사라진 몇 달 뒤였다. 버스 안에서 온갖 상상을 했다. 우울증과 알코올 사이의 상관관계로부터 출발한 추측은 이미 갈피를 잡을 수 없을 정도로 확장되고 있었다. 아니야, 자살은 아닐 거야. 술은 끊었다고 했잖아. 하지만 차가 대전에 닿기까지의 두 시간. 불길함이 뇌리를 떠나지 않았다.

40대의 초입에 생을 마감한 사람의 장례식장에서 평정심을 유지하기란 쉽지 않다. 그의 선후배 동료들이 한자리에 모였다. 무슨 말이 필요하겠나? 무거운 침묵이 감돌았다. 그것은 수년 간 연락이 끊겼던 동창들이 한 남자의 죽음으로 하나가 된, 몹시 상투적인 스토리였다. 대본이 있다면 작가의 무능함을 탓했을 만큼 빌어먹을 현실은 B급 드라마에 가까웠다.

그날 고인의 아버지와 동생을 처음으로 마주했다. 무너져 내린 유족의 심정을 친구들이 어떻게 다 헤아릴 수 있었겠나. 그렇지만 슬픔은 우리에게도 있었다. 형과 쌓아 올린 추억이 하나둘 흩어져 갔다. 하염없는 눈물만 흘렸다. 먼지처럼 작은 위안거리 하나는 형의 사인이 내 상상과는 거리가 멀었다는 것. 하나 떠난 사람 앞에 그런 게 다 무슨 소용이란 말인가. 모두 엉엉 울었다.

결국 대전에서 밤을 꼴딱 새운 나는 다음 날 아침 서울에 도착했다. 형과 많은 음악 이야기를 하진 않았지만, 그가 좋아했던 음악 정도는 알고 있다. 한국계 리더 빅토르 초이가 이끌었던 구소련 포크록 그룹 키노, 영원한 포크 가객 김광석, 그리고 윤도현 밴드. 그와 들었던 몇몇 음악들이 스쳐 지났다. 음악이 재생될 때마다 송곳으로 쿡 쿡 찌르는 느낌이 났다.

윤밴 앨범 중 형이 유독 선호했던 건 《한국 Rock 다시 부르기》(1999)였는데, 그중에서도 자신들의 노래를 리메이크한 발라드 〈너를 보내고〉는 그가 간혹 흥얼거렸던 곡이었다. 모든 노래엔 사연이 있다. 더구나 군 의문사 문제를 다룬(그래서 여기서 보낸 '너'는 연인으로 해석될 수가 없다) 이 노래는, 이 노래를 사랑했던 형의 죽음과 얽혀 이중으로 각별한 곡으로 남았다. 그렇지만 한때 이 노래를 즐겨 들었던 나는, 이제는 플레이 버튼을 함부로 누를 수 없는 처지가 되어 버렸다. 어떻게 망자를 떠올리지 않을 수 있겠나.

지인 중 '천재'라는 이름이 제일 어울렸던 사람, 타고난 글솜씨를 가졌던 사람, 천부적인 위트 감각의 소유자, 누구보다 다혈질이었지만 한편으론 마음 약했던 사내. 그의 솔메이트 Y는 그를 그렇게 회상했다. 시간이 흘렀지만, 나는 여전히 그가 보고 싶다. 정말 간만에 이 노래를 들어본다. 이건 뒤늦은 추모 편지야. 그립다 형. 뭐가 그리 급하다고 먼저 떠났어. _이경준

윤도현 밴드
너를 보내고

발매일 1999. 12. 14
앨범명 한국 Rock 다시 부르기
수록곡
1. 바람
2. 탈춤
3. 너를 보내고
4. 돌고 돌고 돌고
5. 깨어나
6. 그것만이 내 세상
7. 혈액형(Blood Type)
8. 담배가게 아가씨
9. 불놀이야
10. 나 어떡해
11. 절망 앞에서(feat. 김윤아, 김경호, 김장훈, 낙기영, 박완규, 임현정, 오상우)

노래 듣기

설렘과 바람,
그리고 위로의 노래

〈내게 다시〉로 유명한 모던 록 밴드 더더의 〈Delight〉는 '휴식 같았던 친구' A가 노래방에서 즐겨 불렀던 노래다. 나도 좋아하는 곡이었지만, 유독 색깔이 분명했던 데다 고음이기까지 한 여자 가수의 노래를 남자가 부르려는 시도는 누가 봐도 무모해 보였다. 돌이켜보면 음정도 맞지 않는 저 노래를 A는 자기감정에 취해 참 신나게도 불렀었다. 자주 듣다보니 무뎌진 건지 A는 언젠가부터 〈Delight〉를 부를 때 가장 자유로워보였고, 자유는 〈Delight〉를 타고 A에게 무심히 안착하곤 했다. 그렇게 A가 부르는 〈Delight〉는 부지불식간 잘 부르고 못 부르고 차원에서 벗어난 것처럼 보였다. 스무 살 언저리에서 음악으로 자유를 만나고 있는 A를 보며 나는 새삼 음악이 가진 힘을 절감했다.

〈Delight〉를 부른 사람은 더더의 첫 싱어 박혜경이다. 중학교 2학년 때 전라북도 산골에서 '노래하는 사람이 되겠다.'라는 꿈을 품고 서울로 간 그는 신디 로퍼의 〈Girls Just Want to Have Fun〉으로 오디

션을 보고 고등학생 때까지 뮤지컬을 했다. 박혜경이 가수로서 선 첫 무대는 현정은과 함께 〈기다림, 약속, 그리고...〉를 부른 1995년 「MBC 강변가요제」였다. 그런 박혜경은 주주클럽의 주다인, 체리필 터의 조유진과 더불어 내가 좋아했던 90년대 여성 로커였다. 나는 평소 〈주문을 걸어〉, 〈너에게 주고 싶은 세 가지〉의 맑고 밝은 양지 와 〈하루〉나 〈Rain〉처럼 어둡고 축축한 그늘을 아무렇지 않게 오가 는 박혜경을 '빛과 어둠의 가수'로 여겨왔지만, 서로 다른 보컬 톤과 스타일을 지녔던 저 셋의 공통점은 역시나 'ス-유'였다. 마이크를 잡 는 순간 자신을 둘러싼 모든 번잡한 상황을 발밑에 줄 세우곤 했던 세 사람은 자기들을 옭아매려던 규정을 거부하거나 아예 스스로 규 정을 만들어내며 90년대 한국 인디 록 신의 여백을 채워 나갔다.

〈고백〉은 1998년 내가 입대한 뒤 아직 훈련병일 때 유승준의 〈나 나나〉, 디바의 〈왜 불러〉, 이브의 〈너 그럴 때면〉과 함께 청소 시간만 되면 스피커에서 흘러나온 더더의 〈It's You〉를 지나 솔로가 된 박혜 경의 거듭남을 알린 곡이다. 노래는 아이돌 보이밴드 투어스의 곡처 럼 마음에 드는 상대와 '계획대로 되지 않는 첫 만남'에서 동서고금 의 절차인 사랑 고백의 심리와 상황을 절절한 멜로디 및 가사로 풀 어냈다. 무릇 좋은 고백이란 영화 「건축학개론」의 승민이가 깨달은 것 마냥 거창하고 세련되게 지어낸 작위적 말보다, '나 널 좋아해'라 는 진심어린 한마디면 족하기 마련. 햇살 같고 살얼음 같은 도입부 의 진심어린 다짐은 배우 고수와 최정윤의 리즈 시절을 볼 수 있는 뮤직비디오와 함께 당대 많은 사람들의 공감을 이끌어냈다.

〈고백〉을 만든 사람은 강현민이다. 〈인형의 꿈〉, 〈그대만 있다면〉의 일기예보와 〈놀러와〉, 〈러브홀릭〉의 러브홀릭을 이끈 그는 노래를 매 끈하게 잘하는 사람을 꺼리는 자신의 취향을 펼칠 가능성을 가수로 서 '약간 거친 매력'을 지닌 박혜경을 통해 보았다. 앞서 언급한 그의 다른 곡들인 〈주문을 걸어〉, 〈너에게 주고 싶은 세 가지〉가 그렇게 박혜경에게 갔다. 가수를 판단할 때 기교보단 느낌, 결점의 유무보 단 개성의 유무를 따지는 강현민의 창작론은 이후 수지의 〈Satellite〉 까지 줄곧 이어지며 김태원(부활)에 버금가는 고유의 멜로디 지문 을 가요사에 조용히 새겼다.

대부분 헤어짐의 서글픔과 아픔, 혹은 간간이 그리움이 전제된, 이 책에 실린 다른 록 발라드들에 비해 〈고백〉은 설렘과 바람의 정 서를 지녔다는 점에서 차별된다. 즉 이미 만나고 헤어진 연인의 상심 을 다룬 노래들과 달리, 〈고백〉은 친구로서 만나 연인으로 발전하고 싶어 하는 주인공(뮤직비디오의 최정윤)의 마음을 공일오비(〈친구 와 연인〉)나 피노키오(〈사랑과 우정 사이〉)의 맥락에 나란히 빗대 갓 들어선 봄날처럼 들뜬 감정을 갖게 하는 것이다. 괜히 불안하고 우 울했던 세기말에 이런 솜사탕 같은 노래가 나왔을 때 온갖 '고백'의 상황에 노출됐을 젊은이들이 곡에 환호한 건 그래서 자연스럽다.

고백이란 용기의 다른 이름이기도 해서, 상대에 대한 감정을 꺼내 보이는 입장에선 몇 날 며칠을 고민하기 일쑤다. 노래가 막바지로 접 어드는 절정 때 박혜경이 왜 내 마음을 몰라주느냐는 투로 허스키 하게 부르짖는 모습은 그래서 당대의 청춘들에게 어떤 식으로든 위 안이 됐을 법 하다. 노래의 음률과 분위기가 가진 허허로운 소망의 이기심이 그런 따뜻한 위로로 둔갑하면서, 〈고백〉은 〈Delight〉에 이

어 음악이 가진 두 번째 힘을 듣는 사람들에게 전하고 미련 없이 사라졌다. _김성대

박혜경

고백

발매일 1999. 12. 23
앨범명 +01
수록곡
1. 주문을 걸어
2. 그럴 꺼야
3. 웃고있지
4. 후회
5. 고백
6. Good Bye
7. 원인
8. 설레임
9. 해바라기
10. Deep Love

노래 듣기

Chapter

3

2000~2009:

끝나지 않는
이야기

그 시절, 마음 한구석에 영원히 남은 멜로디

원 히트 원더의
추억

2000년의 어느 날, 라디오에서 흐르던 선율을 떠올린다. 꾸밈이라곤 없는 연주에 담백한 편곡, 파이어하우스의 〈Here for You〉(1995) 어쿠스틱 버전을 연상시키는 잔잔한 사운드가 귀를 사로잡았다. 완벽한 엠오알(MOR)이었고, 라디오에 최적화된 멜로디였다. 윤현석이라는 이름은 유명하지 않았지만, 사람들 생각은 다들 비슷했는지 노래는 끊임없이 전파를 탔다. 그러더니 어느새 방송 횟수 정상을 찍었다. 누구도 예상하지 못했던 일이었다. 당시 가요계는 클론, 백지영, 샤크라 등 댄스 가수들이 점령하고 있었으니까. 하지만 틈바구니를 비집고 발라디어 윤현석은 〈Love〉의 메가 히트로 부와 명예를 동시에 거머쥐게 된다.

대체 이 복고적이고도 정적인 발라드는 어떻게 역동적인 2000년대에 연착륙했는가? 정확한 이유를 찾아내기란 쉽지 않아 보인다. 비슷한 취향의 결집? 일생일대의 행운? 틈새시장 공략의 모범 사례? 모두 맞을 수도 있고 틀릴 수도 있다. 확실한 건, 2000년대 초반 한

국 가요계엔 이런 노래가 먹혀들 수 있었던 미묘한 중간 지대가 있었다는 점이다. 가수 스스로가 증언하듯 "모든 물량을 투입해도 그렇게 활동하기 힘들었을" 꿈같은 1년이 펼쳐졌다. 노래는 김하늘, 유지태 주연의 판타지 로맨스 영화 「동감」(2000) OST로 사용되었고, 드라마 「송화」(2000) 주제곡으로도 삽입되었다.

물론 영원한 꿈이란 있을 수 없었다. 소속사와의 갈등이 불거졌고 움직임엔 제약이 생겼다. 가수는 새 노래를 들고 출연한 방송 프로그램에선 〈Love〉를 먼저 부르는 게 좋겠다는 말을 들었다. (당연히 신곡은 처절하게 묻혔다.) 대체로 시간은 예술가의 편이 아니다. 침묵의 시간이 길어지게 되자 팬들이 하나둘 떠나갔다. 그러자 설 수 있는 땅이 좁아져 갔다. 거대한 상실감으로 괴로워하던 가수는 조용히 잊히고 있었다. 일을 쉬거나 중단한 건 아니었지만 2007년, 가요계 판도가 아이돌 중심으로 대대적으로 재편되면서 그를 볼 수 있는 기회는 더욱 줄어들고 말았다.

본의 아니게 윤현석은 '원 히트 원더'가 되어갔다. 원 히트 원더란 노래 하나만 흥행시킨 뒤 사라지게 된 가수를 말한다. 〈그냥 걸었어〉(1994)로 레게 열풍을 일으킨 임종환, 〈찬바람이 불면〉(1990)으로 1990년대 서정적 팝 발라드의 한 페이지를 장식한 김지연이 좋은 예시이다. 누군가는 윤현석에게 〈들을 수 없는 독백〉(1996)도 있지 않느냐고 반문할지 모르지만, 〈Love〉에 비한다면 그야말로 아는 사람만 아는 노래에 불과했다. 점점 〈Love〉는 가수에게 모순적 감정을 불러일으키는 곡이 되었다. 2009년 햇해진 인터뷰에서 "족쇄가 된 곡이지만 내 노래니 완전히 배제할 수는 없을 것"이라고 말한 건 틀림없이 진실이었을 것이다. 단 한 번 활활 타올랐던 노래와 가수.

그렇다곤 해도 '그런 연소의 순간'을 경험했다는 건 얼마나 어렵고도 놀라운 일인가. 2021년 한국음반산업협회가 발표한 자료에 따르면 하루에 발매된 가요 앨범만 1,200장이 넘는다. 곡수로 계산하자면 그 4~5배에 이른다. 투기장도 이런 투기장이 없다. 콜로세움 안에서 살아남는 노래는 과연 몇 곡이나 될까? 대부분은 소리 소문 없이 소멸하는 게 저들의 운명이다. 그렇다면 누구나 다 아는 곡 하나 갖고 있다는 건 어쩌면 우리의 생각보다 더 큰 행운은 아닐까?

버밍엄 시티 대학교의 미디어 커뮤니케이션 강사 아샤 드라가노바는 원 히트 원더를 사례별로 분석한 책 『원-히트 원더스』(2022)의 한 챕터에서 이렇게 썼다. "원 히트 원더는 우리가 낭만화하는 틴에이저 시절과 닮았다. 예측 가능한 연속성 외부에 존재하는 것처럼 보이고 …… 결코 반복되지 않으며 오랫동안 지속되는 기억을 남긴다."

저 표현의 핵심은 "반복되지 않지만 오랫동안 지속되는 기억"이다. '원 히트 원더'로 남은 가수는 커리어 내내 그와 동일한 뜨거운 반응을 얻을 수 없다. 하지만 한 차례 강렬하게 각인된 노래의 생명력은 대단한 것이어서, 곡은 사람들 사이에 주기적으로 언급되고 회자되곤 한다. 게다가 가끔 옛 노래를 재조명하곤 하는 방송에 노출되기라도 하면, 새로운 팬이 유입되는 경우도 있다. 그래서 원 히트 원더의 기억은 꼬리에 꼬리를 물고 연결된다. 어느덧 발매 25주년을 맞은 이 노래 역시 예외는 아니었다. 길게 이어진 유튜브 댓글만 봐도 알 수 있다. 하나만 적는다. "명곡이네요. 라디오에서 듣고 다시 검색해 봅니다."

이쯤에서 '원 히트 원더'에 담긴 애매한 연민의 뉘앙스는 보다 긍정적인 방향으로 수정되는 편이 좋지 않을까? 음악이란 경이는 자꾸만 되풀이되고 세대를 건너 전달되고 있으니까. 설령 시간이 흘러 노래의 온도가 식어버렸다 할지라도 말이다. _이경준

윤현석
Love

발매일 2000. 02. 29
앨범명 Will
수록곡
1. Will
2. Love
3. 지금 넌? 요즘 난...
4. 그대 내 곁에
5. 체념
6. 너 때문이야
7. 940408
8. 텔레비전에
9. Eternity
10. I'm Fine
11. Nice Guy
12. 그것마저
13. You're Not Me
14. 생의 한 가운데서

노래 듣기

'고음신'이 남긴
록 발라드의 바이블

"그 시절 뭇 남자들을 노래방으로 이끌던 (……) 록 발라드의 영웅
최재훈"

2019년 4월 16일 SBS 예능 프로그램 「불타는 청춘」 200회째에 출연
한, 과거에 비해 무려 20킬로그램이 불어 몰라보게 후덕해진 최재훈
이 〈널 보낸 후에〉를 부르는 동안 영상에는 위와 같은 자막이 나왔
다. 그런 최재훈을 부연 설명하기 위해 제작진은 화면 왼쪽 위에 '고
음신의 품격, 최재훈'이라는 문구까지 붙여두었다. 맞는 말이다. 90
년대 중반 이후 최재훈의 노래는 뭇 남자들이 노래방에서 '고음 검
술'을 뽐내기 위한 경연 테마였고, "고음신" 최재훈은 자연스레 90년
대 록 발라드 영웅 중 한 사람이 됐다. 노래의 일어서는 후렴 입구와
노래가 잦아드는 후반부 출구에서 마치 게리 무어의 기타처럼 음을
길게 끌던 최재훈의 팬 서비스는 그 영웅이 오랜만에 전한 포효이자
안부였다.

김경호, 박완규가 록 발라드계의 기교파이고 김세헌이 분위기파라면 최재훈은 이 둘을 모두 갖춘 실력파였다. 나는 그런 최재훈을 〈널 보낸 후에〉로 처음 알았다. 〈널 보낸 후에〉는 남겨진 한 남자가 떠나간 상대를 향한 그리움에 몸서리를 치는 곡으로, 1995년 방영된 「신세대 대행진」 같은 프로그램에서 이 노래를 처음부터 끝까지 따라 부르던 소녀 팬들 앞에서 최재훈의 인기는 거의 아이돌 급이었다. 2년 뒤 〈널 보낸 후에〉와 주제는 비슷했지만 편곡 방향은 달랐던 〈잊을 수 없는 너〉를 히트시키며 그는 많은 이들이 노리는 록 발라드 왕좌의 언저리를 맴돌더니, 결국 떠나보내긴 싫지만 떠날 수밖에 없는 운명을 받아들이겠다는 남자의 이율배반적 입장을 다룬 〈비(悲)의 Rhapsody〉로 최재훈은 기어이 그 왕좌를 자신의 것으로 만들었다. 〈나만의 그대 모습〉에서 등장했던, 20대 때 스쿨밴드를 지나 40대 때 직밴에서도 나와 함께 한 D는 최재훈과 〈비(悲)의 Rhapsody〉도 그렇게 좋아라해 노래방을 가면 꼭 한 번씩 부르곤 했다. 물론 녀석은 이 곡도 예외 없이 잘 불렀다.

이별은 서로의 자존심 대결 끝에 온다. 그리고 자존심은 생각을 어지럽히는 마음의 혼돈에서 비롯된다. 다시 만나보려니 반복될 실망, 아픔, 분노가 되살아나고, 마음 다 접으려니 금세 밀어닥칠 그리움을 감당할 수 없을 것만 같다. 아, 도대체 무얼 어떻게 해야만 하는가. 생각은 그칠 생각을 않고 문제는 실타래 마냥 엉기기만 한다. 그냥 돌아서면 되는데 마냥 돌아설 수 없는 이 기막힌 상황에서 당사자들은 등질까 잡을까를 놓고 끊임없이 전전긍긍하는 것이다. 언젠가 나도 겪었고, 당신도 한 번쯤은 겪었을 일이다. 우리가 알다시

피 저 상황에선 답이 없다. 그저 더 생각하고 더 가늠해본 뒤 마음이 가는 쪽으로 행동하면 됐다. 혹여 생각과 가늠의 시간이 길어져 이도저도 아니게 될 즈음엔 시간이 알아서 해결사 노릇을 해주기도 한다. 〈비(悲)의 Rhapsody〉는 지금 이 순간에도 같은 일을 겪고 있을 많은 연인들에게 아픈 배경 음악, 나아가 당사자가 직접 불러 마음을 다잡게 만드는 치유의 음악이 돼주고 있다.

"음원 차트 상위권을 아이돌 음악이 차지하고 있지만, 그 음악들은 사실 부르는 음악이라기보단 보는 음악이죠. 앉아서 부를 수 있는 노래가 사실 그간 케이팝 시장에서 주목받지 못했죠. 정확히는, 만들어는 내는데 그 음악들이 소비자까지 전달이 안 되고 있었어요. 그런 '직접 부르는 노래'에 대한 니즈 속에 〈비(悲)의 Rhapsody〉나 〈헤어지자 말해요〉 같은 노래가 사랑받는 것 같습니다."

2024년 1월 12일. 최재훈이 1994년작 《Ignore》로 데뷔하고 3년 뒤 태어난 가수 임재현이 〈비(悲)의 Rhapsody〉를 리메이크해 르세라핌의 〈Perfect Night〉를 끌어내리며 '멜론 톱100' 정상에 올랐다. 위 인터뷰는 〈비(悲)의 Rhapsody〉를 만든 주영훈이 당시 『일간스포츠』와 나눈 이야기 중 일부다. 음색은 물론 외모까지 최재훈과 닮은 것으로 평가된 임재현은 그런 주영훈에게 자신이 직접 〈비(悲)의 Rhapsody〉를 받았다면 어떻게 불렀을까를 염두에 두고 대선배의 곡을 다시 불렀다고 『이데일리』와의 인터뷰에서 밝혔다. 그러고 보니 앞서 최재훈이 〈널 보낸 후에〉를 부를 때 「불타는 청춘」 측에선 이

런 자막도 내보냈다.

"록 발라드의 시대를 기억하며……"

임재현의 예상치 못한 선전으로 그 시대는 부활의 기회를 맞았다.
_김성대

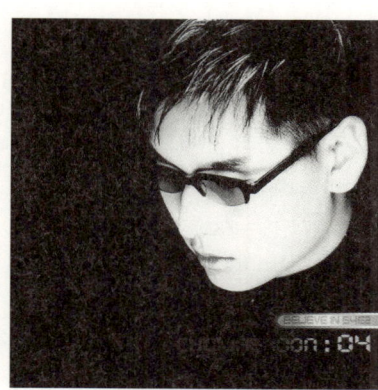

최재훈
비(悲)의 Rhapsody

발매일 2000. 03. 09
앨범명 Believe In 5462
수록곡
1. Believe In...
2. 비(悲)의 Rhapsody
3. 이별한 사람간이 아는 진실
4. 축복
5. Blue Romance
6. 요즘 난
7. 백마(白魔)
8. 슬픈 운명
9. 부탁할게요
10. 사이비 유감
11. 안녕
12. 별리(別離)

노래 듣기

행간에 많은 이야기를 담은
진한 록 발라드

나는 오래전에 고작 EP 하나를 내고 개점휴업을 한 뮤지션(이라고 내 입으로 말하기엔 부끄럽지만)이다. 소싯적에 대형 무대를 누비는 로커를 꿈꾸며 기타를 잡고, 공부 대신 작곡에 매달렸던 시절이 있었다. 실용음악과가 있는 대학에 진학하고 싶었지만, 부모님은 아들이 '딴따라'가 되는 꼴을 보고 싶어 하지 않았다. 음악과 상관없는 전공으로 대학에 진학하고도 꽤 오랫동안 습작을 만들었다. 그런 질풍노도의 시기를 끝내고 깨달은 사실은 하나다. 나는 좋은 음악을 듣고 가려낼 줄은 알아도, 남들보다 좋은 음악을 만들진 못하겠구나. 그래도 그 시절의 경험이 일간지에서 음악 기자로 일할 때 많은 도움이 됐고, 습작 중 일부는 EP로 만들어져 세상에 나와 빛을 봤으니 헛되진 않았다.

　꼴에 작곡을 조금 해봤다고 노래를 들으면 남들보다 조금 더 느끼는 무언가가 있다. 이 노래는 '싸비'(노래에서 절정부 혹은 후렴구를 의미하는 은어)부터 만들어졌겠구나. 이 노래는 도입부부터 만들어

졌겠구나. 이 노래는 처음부터 끝까지 한 번에 만들어졌겠구나. 이 노래는 만드는 데 오래 걸렸겠구나. 예를 들어 건스 앤 로지스의 대표곡 〈November Rain〉을 들으며 "이 노래는 후반부부터 만들고 나머지를 나중에 더했겠구나."라고 짐작하는 식이다. 가끔 방송에 나오면 자기 노래를 10분 만에 만들었다는 이야기를 무용담처럼 자랑하는 뮤지션이 있는데, 그 말이 절대 과장이 아님을 안다. 나도 그런 경험을 많이 해봤으니 말이다. 이런 내 짐작이 틀릴 수도 있다. 하지만 그런 상상의 나래를 펼치는 일은 노래를 다양한 각도로 들을 수 있게 해줘 큰 즐거움을 준다.

첫 소절의 단 아홉 음절 만으로 표현하는 남자의 깊은 한숨. 그 한숨 안에는 정말 많은 이야기의 씨앗이 담겨 있었다. 놓쳐 버린 사랑, 가슴 아픈 이별, 지울 수 없는 그리움, 버릴 수 없는 미련……. 이 노래는 첫 소절부터 만들었고, 첫 소절의 멜로디만으로도 이미 완성됐구나. 나머지 부분은 술술 흘러나왔겠구나. 조장혁의 노래 〈중독된 사랑〉을 처음 들었을 때 든 생각이다. 이 노래는 조장혁이 2000년에 발표한 3집 《Love》의 타이틀곡으로 그해 여름이 지난 후 서늘한 바람이 불 무렵부터 큰 인기를 끌었다.

2000년은 내 작곡 실력(?)이 물이 올라 많은 습작을 쏟아냈던 해였다. 그래서 〈중독된 사랑〉은 더 깊이 내 마음을 건드렸다. 이 노래를 만든 사람이 나였다면 정말 행복했을 텐데……. 첫 소절의 가사와 멜로디만 들었는데도 가슴이 덜컹 내려앉는 노래를 만들기는 쉽지 않으니까. 오랜 세월이 흐른 지금도 이 노래는 내 노래방 18번에서 벗어나지 않고 있다. 물론 18번이라고 해서 잘 부른다는 말은 아니니 오해하지 말기 바란다.

　조장혁이 〈중독된 사랑〉을 어떻게 만들었는지 작곡하는 사람으로서 궁금해 꽤 많은 인터뷰를 찾아 읽었다. 내 예측은 절반만 들어맞았다. 실제로 조장혁은 도입부의 멜로디부터 썼다고 한다. 하지만 나머지를 완성하기까지 한참을 더 기다려야 했단다. 조장혁은 도입부 멜로디를 쓴 뒤 더 나아가지 못해 그 멜로디를 서랍에 처박아뒀다. 그러다가 1년 후에 문득 그 멜로디를 다시 꺼내 소주 한 잔을 들이켠 뒤 한 시간 만에 다음 멜로디를 완성했다고 한다. 〈중독된 사랑〉에 얽힌 뒷이야기는 아름다운 조각을 떠올리게 한다. 아름다운 조각도 시작은 돌덩어리였을 뿐이지 않은가. 그 덩어리에서 조각을 꺼내는 건 시간과 조각가의 몫이다. 조장혁도 그런 과정을 거쳤을 것이라고 감히 짐작할 뿐이다.

　아무리 노래를 잘 만들었다고 한들 보컬리스트가 소화하지 못하면 무용지물이다. 고유진, 김연우, 김태우, 권인하, 더원, 성시경, 이승기, 이홍기 등 노래를 좀 한다는 많은 보컬리스트가 〈중독된 사랑〉을 커버했다. 남자라면 꼭 한번 제대로 불러 보고 싶은 매력적인 노래이니까. 하지만 기술적으로 잘 소화했을진 몰라도, 조장혁의 감성까지 재현한 커버를 들어보진 못했다. 조장혁은 카피하기 힘든 보컬리스트이기 때문이다. 노래를 부르는 자세부터 그렇다. 그는 마이크 앞에 서면 고개를 든 채 노래를 부르는 모습을 자주 보여줬는데, 이렇게 노래를 부르면 성대에 많은 무리를 주게 된다. 허스키 보이스인데다 발음이 많이 뭉개지는 편이어서 가사를 알아듣기도 쉽지 않다. 여러모로 정석에서 벗어나 있는 보컬리스트다.

나중에 알게 된 사실인데, 조장혁은 처음부터 보컬리스트는 아니었고 과거에는 베이스 연주자로 무대에 섰다. 1996년 영화 「체인지」의 주제가인 〈그대 떠나가도〉를 만들었는데, 주제가를 부르기로 한 보컬리스트가 포기하는 바람에 직접 노래를 부른 게 데뷔한 계기가 됐다고 한다(공교롭게도 뱅크의 정시로와 비슷한 행보다). 그가 왜 정석과 거리가 먼 보컬리스트인지 짐작할 수 있는 배경이다. 그런데 그 배경이 조장혁을 개성 있는 코컬리스트로 만들고 〈중독된 사랑〉이라는 불멸의 록 발라드를 남기게 했으니 아이러니한 일이다. 음악은 이론보다 감성이 훨씬 많이 작용하는 영역임을 새삼 깨닫는다. _정진영

조장혁

중독된 사랑

발매일 2000. 06. 16
앨범명 Love
수록곡
1. Prologue(차이코프스키 야상곡)
2. 중독된 사랑
3. The Last
4. Love
5. You Believe...(With 김연우(Toy), 박기영, 김희선)
6. 체념
7. 비 안오던 날
8. 모순
9. Love Game
10. 독(獨) II

노래 듣기

유예된 기회를
포착하기

식구 딸린 지상의 가난한 예술가에게 이상이냐 현실이냐를 묻는 것만큼 어리석은 질문은 없다. 이미 답은 정해져 있기 때문이다. 길은 두 갈래처럼 보이지만, 사실상 그가 고를 수 있는 길은 하나다. 예술이 제아무리 위대하다곤 하나, 책임이 따르는 어른들의 세상에서 위장보다 앞선 예술이란 없기 때문이다. 그러니까 가족을 내팽개치고 꿈을 찾아 타히티로 떠난 화가 스트릭랜드는 어디까지나 픽션 속 캐릭터라 보면 된다. 누가 생업전선에 뛰어든 예술가를 비난할 수 있는가?

생활고로 인해 음악계를 떠나야 했던 한 남자가 있다. 가족을 부양해야 했던 그는 책무를 다하기 위해 기꺼이 노래를 접었으며, 보컬 트레이너와 실용음악학원 원장으로 일했다. 갑작스레 아내가 병을 얻게 되자, 그는 그녀의 치료 및 회복을 위해 공기 좋은 곳으로 생활 기반을 이전하기로 결심한다. 그가 벌인 일련의 행동에 망설임이란 없었다. 아마 고민하는 것 자체를 사치라 보았던 것 같다. 다행

히 아내의 몸이 치유되고 어느 정도 터전이 마련되자, 가수는 고이 간직해 두었던 꿈을 궤짝에서 꺼낸다. 그렇게 그는 가수가 아닌 게스트하우스 사장 자격으로 경연대회에 섰다.

1976년생으로 프로그램 참가 당시 40대 중반이었던 그의 본명은 박준영, 세간에 알려진 이름으로 적자면 록 밴드(후에 박준영 자신의 예명이 됨) 주니퍼의 보컬이었다. 그가 끄집어낸 노래는 대표곡 〈하늘 끝에서 흘린 눈물〉. 비교적 목소리가 곱게 보존된 탓에, 특유의 샤우팅은 거의 음반에 담긴 그대로였다. 세월의 풍파를 온몸으로 맞은 건 노래의 주인뿐이었다.

음색과 중저음 처리, 외모 등 여러 면으로 주니퍼는 록 발라드의 패왕 김경호와 종종 견주어지곤 했다. 그러나 탄탄한 실력에도 불구하고 히트곡이라 할 만한 노래는 〈하늘 끝에서 흘린 눈물〉, 단 하나뿐이었기에 몇 사람을 제외한 패널들은 그가 누구인지 알아보는 데 실패했다. 가수보다 큰 노래, 그리고 노래보다 작은 가수. 이름조차 기억나지 않는 가수가 불렀던 그 곡. 록 발라드란 원래 그런 장르였다. 하지만 그런 푸대접은 담금질에 익숙해진 남자를 위축시키지 못했다. 마이크를 쥔 포즈엔 당당함이 실려 있었다.

아쉽게 다른 경쟁자에게 가로막힌 탓에 주니퍼는 더 높은 스테이지로 진출하지는 못했는데, 그럼에도 표정이 어두워 보이지는 않았다. 필생의 꿈을 향해 거슬러 올라간 그에게 숫자 같은 건 그리 심각한 이슈가 아니었을 것이다. 순간 짐 모리스 생각이 났다. 그는 메이저리그 드래프트 1라운드에 지명되었던 투수 유망주였지만, 부상으로 이른 나이에 은퇴한 뒤 고등학교 화학 교사로 근무했다. 현실의 회로에 따라 먹고살아야 했던 것이다. 그는 극도의 부진에 빠진 학교 야구부를 지도하게 되는데, 동기부여를 위해 너희가 전국대회에 진출한다면 자신도 메이저리그 트라이아웃에 나가겠다는 파격 제안을 하게 된다. 설마 그게 되겠어? 그런데 됐다. 잔뜩 고무된 아이들이 우승컵을 따낸 것이었다.

결국 30대 중반의 늦은 나이에 모리스는 아이들과의 약속을 지키기 위해 트라이아웃에 참여한다. 놀랍게도 그는 자신이 여전히 150킬로미터 후반대의 직구를 연속으로 뿌려댈 수 있다는 걸 알게 된다. 그렇게 모리스는 남들이 코치를 고려할 나이에 메이저리그 도전장을 내민다. 그리고 마이너리그 생활을 거쳐 기어이 어린 시절의 꿈을 이뤄낸다. 메이저리그 21경기에 출전한 게 이력의 전부가 되었지만 말이다. 이 거짓말 같은 이야기는 영화 「루키」(2002)의 배경이 된다.

짐 모리스와 주니퍼. 두 사람은 모두 밥벌이의 가치를 누구보다 잘 알고 있었다. 그들은 삶의 교차로에서 누구보다 용감하고 윤리적인 선택을 했으며, 자신에게 가장 소중한 것을 희생할 줄 알았다. 그렇지만 그 와중에서도 꿈을 완전히 놓지는 않았다. 잠시 유예해 두었을 뿐이다. 그리고 기회가 오자 놓치지 않았다. 여기서 포기하지 않는 마음도 중요하지만, 기회를 포착할 수 있는 능력 또한 중요하다는 걸 깨닫는다. 대포알 강속구와 잘 뽑힌 노래만으로는 충분하지 않다는 말이다.

노래가 막 발표되어 주니퍼가 방송에 얼굴을 비추던 2001년 무렵, 솔직히 그의 라이브는 불안불안했다. 혹사로 인한 성대결절을 겪고 있었던 것이다. 혈기왕성했던 가수는 어떻게든 목청의 힘으로 뚫고

나가려 했지만. 성대가 강철이 아닌 이상 고장이 나는 건 당연했다. 이 시절의 영상과 경연대회 영상을 비교해 보라. 경연대회 영상에서 훨씬 편하게 노래한다는 걸 확인할 수 있다. 죄다 그 방송을 보았는 지, 이후 후배 가수들의 커버 러시가 이어졌다. 가수에게 시간이 흐른 뒤에야 기회가 주어졌듯, 노래가 주목받기에도 시간이 필요했던 모양이었다. _이경준

주니퍼(Junyfore)

하늘 끝에서 흘린 눈물

발매일 2001. 01. 18
앨범명 Junyfore Vol. 1
수록곡
1. Fly high
2. 하늘 끝에서 흘린 눈물
3. 아니?
4. Goodbye my love
5. 발렌타인
6. I can't stop loving you
7. I miss you
8. Le souvenir(연주곡)
9. 이별에 두고 온 사랑
10. Trust me
11. 오랜 기다림
12. 말할 수 있어요
13. Forever
14. 슬픈 사랑
15. 하늘 끝에서 흘린 눈물(Inst.)

노래 듣기

대체할 수 없는 보이스로 표현한
절절한 이별

튜닝의 끝은 순정이다. 자동차 튜닝 마니아 사이에서 이 말은 격언처럼 널리 통한다. 조금만 생각해보면 일리 있는 말이다. 어떤 자동차 제조사도 일부러 불완전한 제품을 만들어 팔지 않는다. 순정은 제조사가 오랜 연구와 투자 끝에 찾아낸 최적의 균형을 갖춘 상태다. 개인이 튜닝으로 그보다 나은 균형을 찾기는 어렵다. 튜닝에 오랜 시간 동안 많은 돈을 들여놓고 순정 상태로 돌아가는 마니아들이 적지 않은 이유다.

튜닝의 끝은 순정이라는 말은 대중음악계에서도 의미가 통한다. 대중음악계에서 커버가 이뤄지는 노래는 대개 스테디셀러 히트곡인데, 커버가 원곡보다 낫다는 평가를 듣는 경우는 거의 없다. 그런 스테디셀러 히트곡이 오랫동안 대중의 사랑을 받아온 이유는 더할 것도 뺄 것도 없이 그 자체로 균형을 갖췄기 때문이다. 아무리 원곡을 부른 보컬리스트보다 대단한 보컬리스트를 데려다 놓아도 소용없다. 영화에서도 원작보다 나은 속편을 찾기 어렵지 않은가. 커버가

반짝인기를 모을 수 있을진 몰라도, 플레이리스트에 마지막까지 남는 건 늘 원곡이다.

도원경의 〈다시 사랑한다면〉만큼 많은 보컬리스트가 커버한 록발라드도 드물다. 권인하, 김경호, 로이킴, 박완규, 박창근, 임영웅, 정승환, 한동근, 홍진영 등 성별을 가리지 않고 내로라하는 보컬리스트들이 이 노래를 불렀다. 김필처럼 원곡과 완전히 다른 매력을 가진 커버를 선보여 큰 인기를 끌었던 보컬리스트도 있었다. 하지만 누구도 원곡의 매력을 넘어서지 못했다는 게 내 확고한 생각이다. 유튜브에 올라와 있는 여러 원곡 영상에 달린 댓글을 하나하나 살펴보라. 탕아가 방황 끝에 집으로 돌아오듯, 돌고 돌아 원곡에 정착했다는 간증이 한둘이 아니다. 다른 보컬리스트들은 제아무리 용을 써도 원곡의 매력을 넘어서기 어렵다는 걸 과연 몰랐을까. 그런데도 부르고 싶은 마음을 누를 수 없는 거다. 너무나도 매력적이니까.

대한민국 록의 역사를 두꺼운 책 한 권으로 만든다면, 도원경에게 적어도 한 페이지 정도는 할애되지 않을까 싶다. 록은 당연히 남성의 음악이라고 여겨졌던 시절인 1993년, 도원경은 혜성처럼 등장한 이단아였다. 30년 넘게 흐른 과거의 일이지만, 당시 도원경이 보여줬던 파격적인 비주얼과 퍼포먼스는 아직도 내 기억에 생생하게 남아 있다. 반짝거리는 검은색 가죽 재킷과 스키니 팬츠를 입고 마이크 스탠드를 손에 쥔 채 무대를 뛰어다니며 데뷔곡 〈성냥갑 속 내 젊음아〉를 열창하던 모습은 '걸 크러시' 그 자체였다. 도원경은 어지간한 인기 연예인이 아니면 촬영할 수 없는 과자 광고 모델까지 꿰찼을 정도로 많은 대중의 관심을 받았다.

많은 신인이 그러하듯 스포트라이트는 짧았다. 이듬해 내놓은 2집은 배급사의 도산 문제로 홍보를 제대로 하지 못해 묻혔다. 1997년에 내놓은 3집은 밴드 시나위의 리더 신대철이 작곡한 타이틀곡 〈난 인형이 아니예요〉로 주목을 받았지만, 데뷔 앨범만큼의 파괴력을 보여주진 못했다. 그로부터 도원경은 꽤 긴 공백기를 가졌다. 아마도 많은 고민을 했을 테다. 데뷔 때부터 고집해 온 '걸 크러시' 이미지를 계속 유지하느냐, 아니면 변화를 주느냐. 도원경의 선택은 후자였다. 도원경이 2001년에 발표한 4집《Unique》의 타이틀곡 〈다시 사랑한다면〉은 그의 이름을 대중이 오랫동안 선명하게 기억하도록 만든 탁월한 선택이 됐다.

처음부터 끝까지 이렇게 만들어져야만 했다고 자기주장을 강하게 하는 서정적이고 유려한 멜로디. 한국 록을 꽤 들어온 사람이라면 멜로디에 깊게 새겨진 누군가의 지문을 느낄 수 있을 테다. 밴드 부활의 리더이자 멜로디의 장인인 김태원의 솜씨다. 김태원의 작곡 참여는 그 자체로 파격이었다. 김태원은 부활에만 집중할 뿐, 누군가에게 곡을 주는 일이 좀처럼 없었기 때문이다.

또 다른 파격은 가사다. 김태원은 작곡가뿐만 아니라 작사가로서도 탁월한 뮤지션이다. 김태원은 마치 철칙이라도 되는 듯 본인이 작곡한 노래의 가사를 늘 직접 써왔는데, 이 노래의 작사만큼은 강은경이 맡았다. 김경호의 〈나를 슬프게 하는 사람들〉, 뱅크의 〈가질 수 없는 너〉 등 지금까지 명곡으로 꼽히는 많은 록 발라드의 가사가 그의 손에서 탄생했음을 잊으면 안 된다. 이 멜로디에는 시적인 은유를 즐겨 사용하는 김태원의 가사보다 솔직하게 감정을 드러내는 강은경의 가사가 더 어울린다.

멜로디와 가사가 아무리 훌륭해도 보컬리스트가 이를 소화할 역량이 없으면 무용지물이다. 도원경이 탁월한 록 보컬리스트인지는 의문이다. 개성적인 보이스를 들려주는 보컬리스트이긴 하지만, 라이브에선 자주 흔들리는 모습을 보여줬으니 말이다. 라이브가 그 어떤 장르보다 중요한 록에서 이는 결정적인 약점이다. 하지만 도원경 특유의 까랑까랑하고 허스키한 보이스가 아니었다면, 이별 뒤에 홀로 남은 슬픔을 이토록 절절하게 표현할 수 있었을까. 좋은 보컬리스트가 아무리 많아도 이 노래에서만큼은 도원경을 대체할 보컬리스트가 없다. 〈다시 사랑한다면〉은 훌륭한 멜로디와 가사가 보컬리스트의 표현력과 끈끈하게 결합했을 때 어떤 시너지가 발생하는지 보여주며 세대를 초월하는 록 발라드 명곡으로 남았다. _정진영

도원경
다시 사랑한다면

발매일 2001. 05. 01
앨범명 Unique
수록곡
1. 멍청이
2. 나를 잡아줘(Take A Chance On Me)
3. 다시 사랑한다면
4. 아호아(Young And Free)
5. 패션모델
6. My Home
7. 내 남은 사랑(Gray)
8. 태엽인간
9. 널 보낸 후
10. 늦은 밤(Alone)
11. Dream Love
12. 버러지
13. At Last

노래 듣기

웰메이드
클리셰

록 발라드엔 항상 비가 온다. 이별 장면에선 차갑게 비가 내린다. 거의 공식이다. 흔해 빠진 공식이 먹히는 이유는 사람들이 노래 속 인물과의 동일시를 원하기 때문이다. 록 발라드는 프리 재즈나 프로그레시브 록이 아니다. 록 발라드 애호가들은 노래를 들으며 뭔가를 떠올리고 싶어 한다. 자신의 감정을 이입하고자 한다. 그것도 한껏 과장되고 극적인 형태로. 그러면 마치 자신이 영화 속 주인공이나 된 듯한 착각에 빠져들 수 있을 테니까. 비가 내리지 않는다면 뭔가 허전하다. 오는 김에 확 퍼부어야 한다. 〈비와 당신의 이야기〉, 〈비와 당신〉, 〈겨울비〉의 간판이 괜히 저렇게 쓰인 게 아니다. 그리고 제목에서 '비'를 찾아볼 수 없는 이 노래 안에서도 비는 내린다. 세차고 굵게.

이별을 선언 당한 남자는 처절한 모습으로 여자를 그리워한다. 헤어졌다고 꼭 비를 맞을 필요는 없다. 그러나 그는 굳이 비 오는 거리를 무대로 삼는다. 너를 이토록 그리워하는 자신을 생각해 봤냐고

묻는다. 뜬금없는 전개지만 우리가 바라는 건 이런 것이다. 세상 저편으로 내버려진 느낌이 드는 밤, 이제 혼자가 된 남자는 자신의 머리맡이 눈물로 뒤덮이게 될 것이라 말한다. 비극성이 극대화된다. 그러니까 〈You〉는 비로 시작되어 눈물로 끝나는 노래다. 소리는 '물'의 이미지에 푹 잠긴다. 가사를 음미하며 듣게 되면 정말 그러하다.

예전부터 궁금했다. 날씨와 정서는 상관관계가 있는 것일까? 놀랍게도 프랑스인 사회심리학자 니콜라 게겐이 2012년 진행했던 연구에 따르면 사실이라고 한다. 게겐은 실험 연구에 기반하여 쾌적한 기상 조건, 즉 햇빛이 긍정적인 사회적 관계를 형성하는 한편, 일조량 변화가 긍정적인 감정과 좋은 기분을 활성화하여 개인의 행동에 영향을 준다고 주장한다. 사람들은 상대적으로 맑은 날에 구애 요청을 더 잘 받아들이고 흐리거나 우중충한 날에는 그렇지 않다는 것이다. 만약 우리의 감정선이 그런 식으로 직조된다면, 비 오는 날 연인들의 이별이 많아지는 것도 나름의 과학적 근거가 있었던 셈이다.

맞다. 노래 하나 듣자고 그런 팩트까지 일일이 체크할 필요는 없다. 〈You〉가 명곡이라는 건, 그다지 날카롭지 못한 심미안으로도 알아챌 수 있는 것이니까. 김상민의 코러스 파트가 나오는 순간, 감탄사가 절로 나오게 된다. 어지간한 노래꾼이라도 엄두도 내지 못할 고음부가 빠른 템포로 그것도 길게 유지된다. 김현성의 〈Heaven〉이 노래와 가수 사이에 벌어지는 처절한 일기토라면, 김상민의 〈You〉는 영악한 공중 곡예사의 묘기에 더 가깝다. 김상민은 자기 식대로 노래를 길들인다. 옥타브 같은 걸 따지지 않더라도 참 잘 설계된 록 발라드이다.

하지만 한국에서 김상민은 스포트라이트를 받지 못했다. 노래가 나쁘지 않은 반응을 끌어내긴 했지만, 그의 커리어를 전환시킬 히트 곡이라고 하기엔 어려움이 따랐다. 얼마 후 소속사까지 공중 분해되고 말자 가수는 갈 곳을 잃어버리고 말았다. 위기에 처한 그를 환대한 곳은 아주 뜻밖의 국가 튀르키예였다. 한 노래 경연 대회에 출전하여 큰 상을 거머쥔 게 방아쇠였다. 인터뷰 기사에서 김상민은 튀르키예로부터 국빈 대우를 받았고 원래는 허가가 날 수 없는 성에서 뮤직비디오 촬영을 허락받았을 만큼 큰 인기를 모았다고 전해진다. 그렇지만 연고 하나 없는 타국에서 이력을 길게 가져가는 데엔 한계가 있었다. 그는 다시 돌아왔다.

그렇게 김상민은 잠깐 노래 잘했던 가수1 정도로 소멸되는 듯했는데, 반전이 있었다. 한 TV 프로그램에 출연해 전성기 시절과 맞먹는 라이브를 들려주었던 것. 대개 추억이라는 필터를 끼고 들으면 어지간한 과거 노래들은 보정 효과를 누리게 마련이지만, 김상민에겐 그런 여과 장치 따위 필요 없었다. 망가지지 않은 성대에서 뿜어져 나오는 더 원숙해진 표현력은 추억에 잠긴 옛사람들은 물론 젊은 세대들까지 오리지널을 검색하도록 만들었으니까.

그날의 방송 때문에 나도 간만에 김상민과 이 노래를 회상하게 되었다. 실제로 비가 내렸던 날, 이 노래를 듣곤 했다. 비 내리는 날엔 유재하를 듣고, 김현식도 들었지만, 그의 노래도 좋은 BGM이었다. 날씨를 타는 노래들이 있다. 비가 주룩주룩 내려 몽글몽글한 멜랑콜리가 밀려온 날, 이만한 시너지도 드물다. 평소 같으면 꾹 삼켜야

할 이별 장면이지만 자꾸 곱씹게 되는 날이 있다. 억지로 잊으려 들면 반작용만 커진다. 그럴 땐 감정의 소용돌이에 휩싸이는 게 차라리 나은 선택이다. 사람들은 정확히 그런 용도로 〈You〉를 소비하는 것 같은데, 2024년 6월 기준, 이 곡의 유튜브 조회수는 1,600만이 넘는다. _이경준

김상민
You

발매일 2001. 05. 14
앨범명 Face
수록곡
1. 가시리 : 이별 Part.I
2. Free Lu De
3. Endless
4. 같은 기억 속에(With You)
5. You
6. 천년애 : 이별 Part.II
7. 희미한 기억(Memories)
8. 슬픔의 조각(Remember)
9. 마지막 배려(Last Promise)
10. 비원(非願)(For You)
11. I Don't Know
12. Wonderful Life
13. Free Lu De(Original Duet Ver.)

노래 듣기

록 발라드계
단 하나의 노래

60년대 히피즘의 반전/반핵 운동을 일컫는 '플라워 무브먼트'에서 이름을 따온 록 밴드 플라워. 그들의 대표곡 〈Endless〉는 마이클 잭슨의 〈Billie Jean〉, 델리 스파이스의 〈고백〉처럼 시작되고 1초 만에 정체를 알아챌 수 있는 곡들 중 하나다. 점멸하는 일렉트릭 기타와 건반, 그 아래서 짧게 뒤척이는 현악. 점잖게 달궈진 인트로를 한 순간에 무너뜨리는 드라마틱한 드럼 필인을 젖히고 고유진의 후광 같은 후렴구가 터져 나올 때 대중은 너나없이 울컥했다. 그렇게 노래의 꼬리인 후렴이 노래의 머리가 되면서 〈Endless〉는 밴드의 데뷔 후 가장 인상적인 히트를 예고했다.

물론 고유진이 처음부터 플라워 프런트맨은 아니었다. 솔로 활동을 해 온 그의 매니저가 2년째 싱어를 찾고 있던 고성진(기타), 김우디(베이스)와의 개인 친분으로 고유진을 그들에게 소개시켜 준 것이 계기가 됐다. 서울 압구정동 카페에서 미팅이 잡혔고, 고유진은 누나가 사 준 양복을 입고 나갔다. 반면 트레이닝 복을 입고 나온 고

성진과 김우디는 고유진과 통성명을 하고 서로 만족한 눈길을 주고받은 뒤 그 자리에서 고유진 영입을 결정했다. 이게 바로 오디션도 보지 않고 "노래를 잘 하게 생겨 얼굴만 보고 뽑았다."라는 소문의 정황이다. 플라워는 그날 이후 성악을 전공한 고유진이라는 천군만마를 얻어 단 2주 동안 미리 만들어둔 열네 곡을 녹음, 마침내 1집 《Tears...》를 발표했다. 고유진의 장기를 살려 헨델의 소프라노 아리아 〈울게 하소서〉를 도입부에 넣은 〈눈물〉은 그 데뷔작의 타이틀곡이었다.

많이 들어본 사람들은 알겠지만 〈Endless〉는 〈Forever〉(안재욱)의 도입부와 〈영원〉(스카이)의 노랫말을 닮아 있다. 이유는 간단하다. 세 곡 다 플라워의 기타리스트 고성진이 썼기 때문이다. 한 번 들으면 잊을 수 없는 후렴구를 만들어 내는 재능을 가진 고성진은 2000년도에 방영된 KBS 미니시리즈 「눈꽃」 음악감독을 맡으며 드라마의 주제곡으로 〈Endless〉를 썼다. 그래서 〈Endless〉는 정규작이 아닌, 「눈꽃」에 쓰인 곡들을 담은 2.5집 소품집 《해룡의 Sad Love Story》를 통해 대중과 만났다. 제목의 '해룡'은 〈Endless〉 노랫말을 쓴 하해룡을 뜻한다. 김우디의 권유로 작사가 인생을 시작한 그는 기타리스트 신윤철의 〈그 시절 그 빛깔〉로 작사가 데뷔 후 역시 고성진이 작곡한 김정민의 〈마지막 약속〉으로 첫 번째 히트를 맛보았다. 〈Endless〉는 고성진과 하해룡이 함께 작업한 백 수 십여 곡 중 하나였다.

〈Endless〉는 2000년대 군인들의 애창곡이었다. 왜 그랬을까 생각을 해보니 참고 견디고 기다린다는 인내와 신뢰의 노랫말, 여기에 고백, 다짐, 걱정, 그리움이 녹아든 눈부신 격정의 정서가 당대 군인들이 똑같이 겪고 있는 불가피한 속박을 대변해주었기 때문인 것 같다. 고유진의 훨훨 날아오르는 노래는 잠시 자유를 반납한 그들에게 해방감과 용기를 주었을 것이고, 함께 부르는 사이 노래는 끝내 위로가 되었을 거란 짐작이다. 곡 제목처럼 끝날 것 같지 않았던 국방부의 시계가 끝나고, 〈Endless〉가 2000년대 남자들의 노래방 애창곡 1위가 되었다는 기록은 그래서 일면 당연한 결과였다. 사람은 가장 힘들었을 때 겪은 일과 만난 사람을 웬만해선 잊지 못하는 법이기 때문이다. 〈Endless〉는 그 시절 군인들의 마음의 고향이었다.

어디 군인들뿐이랴. 당시 사랑을 해본 사람들에겐 지금도 이 노래가 이명처럼 귓가를 맴돌지 모른다. 아마 죽을 때까지 잊지 못하리라. 어딘가에선 그때 그 사람과 함께 듣거나 부르고 있을 테고, 또다른 곳에선 그때 그 사람을 추억만 하며 감상하고 있겠다. 맺어지거나 깨어진 인연의 틈바구니에서 〈Endless〉는 별 같은 영원을 얻었다. 발표한 지 25년이 다 되어가도 바래지 않는 고유진의 성량처럼, 뮤지컬 배우가 되어 더 다부져진 그의 표현력처럼, 곡 시작부터 노래가 끝날 때까지 일관된 설렘을 주는 〈Endless〉의 위상은 이변이 없는 한 '한국의 가장 유명한 록 발라드' 곡으로서 명맥을 이어갈 것이다.

음악이라는 소음의 침묵 속에서 자신만의 누군가를 떠올리는 시간은 〈Endless〉 같은 곡이 흐를 때에만 허락되는 특별한 순간이다. 이 노래는 지금 나에게 주어진 마지막 원고의 주제인데, 이제야 밝히지만 사실 〈Endless〉는 내가 가장 좋아하는 록 발라드였다. 거의 종일을 고유진과 플라워 관련 영상, 음원을 찾아서 보고 들은 뒤 이 글을 썼다. 아직도 록 발라드의 상업성을 지적하는 모 1세대 대중음악 평론가의 시대착오적인 분석에는 한숨이 나왔지만, 그 분석을 비웃어주는 〈Endless〉의 확고한 '상업적' 미학만은 여전히 폭발적이다. 다시 록 발라드의 시대가 왔으면 좋겠다. _김성대

플라워(Flower)

Endless

발매일 2001. 08. 21
앨범명 소품집
수록곡
1. Please...
2. Endless
3. 소망
4. Please(Song by 고유진)
5. Love
6. 추억
7. Between Love
8. Yesterday
9. Please(Song by 정민경)
10. Forever
11. 멀어져 가네
12. Please(Inst.)
13. Love(Inst.)
14. Endless(Inst.)

노래 듣기

평범하지만
특별한

1990년대 후반부터 2001년 즈음까지 한국 가요 시장에서 록 발라드
는 전성기를 누렸다. 모두들 이별증후군이라도 걸린 것처럼 앞다투
어 소비했다. 돌이켜 보면, 왜 이런 간지러운 장르가 대유행을 했는
지 의아하기도 하지만, 어쨌든 당대의 코드란 그런 것이었다. 2001년,
그러니까 헤게모니가 소몰이 알앤비로 넘어가기 전에 조금씩 반응
을 얻은 한 노래가 있었다. 엄청난 기교도 없었고 고음 일변도로 짜
이지도 않았다. 그저 단단한 음색과 안정적인 발성이 돋보인 곡이었
다. 정재욱의 〈잘가요〉였다.

　정재욱이 가요계의 문을 노크한 건 1999년이었다. 타이틀곡 〈어리
석은 이별〉 뮤직비디오엔 최진실, 최수종, 차승원 등 시대의 톱스타
들이 총출동해 화제를 모았지만, 정작 큰 반향을 불러일으키진 못했
다. 전략 미스였다. 당시 정재욱과 같은 소속사였던 조성모가 '얼굴
없는 가수' 마케팅으로 쏠쏠한 재미를 보고 있었는데, 이게 꽤 유용
하다고 판단한 회사 측은 정재욱의 방송 출연을 최대한 자제시켰다.

이른바 신비주의 마케팅 같은 거였다. 그렇지만 결과가 그다지 아름답지는 않았다. 동양적 정서와 세련된 편곡은 미려한 보컬과 만나 퀄리티를 끌어올렸지만, 그것만으로 발화되기엔 충분하지 않았던 모양이다. 안타깝게도 〈어리석은 이별〉은 아는 사람만 아는 곡으로 남았다.

그럼에도 우리는 이 곡을 통해 정재욱이라는 괜찮은 발라드 싱어를 얻었다. 무엇보다 그는 분출만큼이나 절제의 가치를 잘 이해하고 있던 아티스트였다. 내지르는 구간에서도 달드거나 과시욕에 사로잡히지 않았다. 갓 데뷔한 20대 중반 신인이라그는 믿기 어려운 보컬 컨트롤은 놀라웠다. 그보다 더 놀라웠던 건 베케랑의 풍모가 인위적이지 않았다는 점이다. 너무 자연스러웠으니까.

다행히 사람들이 그의 재능을 알아보기까진 그렇게 긴 시간이 필요하지 않았다. 채정은 작사, 유해준 작곡의 〈잘가요〉는 차트 정상을 차지하지는 못했지만 꾸준한 인기를 모았는데, 멜로디가 새로운 발라드 스타를 찾아다니던 사람들의 레이다망에 걸려들었기 때문이었다. 대중의 체감 온도가 달라지자, 드디어 지상파 화면에서 가수를 볼 수 있게 되었다. 고집 센 회사가 노선을 튼 것이다. 언젠가 「이소라의 프로포즈」에 나와 〈잘가요〉를 열창하던 모습이 생생하다. 그렇다고 신비주의 정책이 전면 파기된 것은 아니었는데, 훗날 그가 인터뷰에서 밝힌 바에 의하면 그 시절 고작 서너 차례 티브이에 출연했을 뿐이었다고 한다. 그랬다면 나는 운이 좋았던 거다.

한데 솔직히 특별할 건 없는 곡이다. 오히려 평범하다. 도입부의 웅장한 오케스트레이션은 정확히 25년 전의 감수성이고, 제목과 동일한 코러스 파트는 〈어리석은 이별〉에 드러났던 예리한 훅의 업그레이드이다. 딱히 전개가 복잡하지도 않아, 30초 뒤가 너끈히 예측 가능하다. 느릿느릿한 빌드업은 현 발라드 관습으로 봐도 지루한 것일 수 있다. 그렇다면 어떻게 이 노래는 막 21세기를 맞이한 사람들로부터 지지를 획득할 수 있었을까? 어떻게 생명력을 유지해 온 것일까?

달리 생각해 보자. 어쩌면 평범했기에 길게 사랑받을 수 있었던 건 아니었을까? 더 합리적인 해석은 이쪽인 것 같다. 혼자서 흥얼거리거나 노래방에서 선곡되는 일이 잦은 록 발라드의 성격상 노래가 지나치게 어렵거나 이질적인 구성을 취해도 곤란할 것이다. 생목 보이스로 3옥타브를 때려 박는 B612의 상남자 노래 〈나만의 그대 모습〉은 탁월한 곡이지만, 맨정신으로 마이크를 잡기엔 확연히 무리가 따른다. 성대의 내구도를 시험하는 김경호의 〈나를 슬프게 하는 사람들〉도 마찬가지다.

오해는 금물. 〈잘가요〉가 쉽다는 말은 아니다. 리스너에겐 편하게 들리지만 부르는 사람에겐 상당한 보컬 실력을 요구하기 때문이다. 요컨대 감정을 살리는 것 자체가 힘든 노래다. 흔히 쓰이는 말처럼 "그 누가 해도 본인만큼 부를 수 없는" 곡이란 얘기다. 그렇지만 앞서 언급한 두 곡이 록 발라드의 '이데아'라면 〈잘가요〉는 록 발라드의 모범적 구현물에 더 근접해 있다. 적어도 도전할 수는 있는 노래다.

록 발라드이면서 동시에 팝 발라드로 분류해도 무방한 사운드 및 편곡 또한 노래의 '접근성'을 높이는 요소이다. 주지하다시피 강렬한 첫소리가 악기를 뚫고 나오는 곡도 아닐뿐더러, 폭발적인 기타 솔로를 앞세운 곡도 아니다. 실제로 평단에선 저 '톤 발라드'라는 용어를 자주 쓰지도 않는다는 점을 고려하면 장르 구분이 중요한 문제는 아닐 것이다(장르적 특성상 발라드는 엄밀하게 분절될 수 있는 음악은 아니다).

정재욱은 그런 감성의 발라드에 특화된 목소리다. 〈잘가요〉 말고도 그에겐 〈가만히 눈을 감고〉라는 숨은 명곡이 있다. 이것은 일본 가수 히라이 켄이 부른 〈눈을 감고서〉의 커버곡으로, 오리지널을 크게 뒤틀지 않으면서도 자신만의 느낌을 살려냈다. _이경준

정재욱
잘가요

발매일 2001. 11. 20
앨범명 A Simple Story
수록곡
1. 잘가요
2. 그대 내게 다시
3. 남겨진 사람에게
4. 약속(Promise)
5. 아직 내게 넌
6. 단 하나의 소원
7. 날이 갈수록
8. Born To Be Loving You
9. 사랑이여 안녕
10. 잘가요(Intro Cut Version)
11. 비애(悲愛)
12. Season In The Sun
13. 슬픈 변명
14. 어떤 작별
15. 마지막 선물

노래 듣기

오직
자신만을 위한 노래

한때 잘 나갔지만 지금은 잊힌 가수를 소환하는 한 오디션 프로그램. 김현성은 찢어지고 갈라진 목소리로 이 노래를 불렀다. 심사위원들의 표정엔 안타까움이 가득 찼고, 그를 우상처럼 여겼다는 규현은 눈물을 보였다. 그런데 정작 노래를 마친 주인공만은 모든 걸 다 털어낸 듯 후련했다. 그에겐 그저 '실패한 가수'라는 꼬리표를 떼어내는 것만이 중요했다. 김현성 본인도 잘 알고 있었다. 더 이상 이 노래를 부르지 않아도 된다는 걸. 하지만 완주해야 했다. 그렇게 김현성의 마지막 〈Heaven〉이 저물어 갔다.

〈Heaven〉은 김현성에게 '천국과 지옥'을 동시에 선사했던 곡이다. 1997년 강변가요제에서 〈Stop〉이라는 댄스풍 앨앤비로 금상을 차지하며 가요계에 데뷔했던 김현성은 록 발라드로 업종을 변경해 큰 인기를 모은다. 2002년 4집에 수록된 〈Heaven〉은 그를 스타로 만들어준 결정적 계기였다. 차트는 그의 것이 되었고, 찾는 곳은 많아졌으며, 팬은 늘어났다. 탄탄대로가 보장된 것 같았다.

그러나 호흡 한 번 하기 곤란했던 엄청난 난이도는 노래를 부를 때마다 수명을 갉아먹었다. 끝없는 고음의 향연. 무리한 스케줄, 휴식 부족의 3연타는 성대에 무리를 가했다. 특유의 목소리를 잃어버린 김현성은 성대결절로 인해 반-강제적으로 가수 활동을 봉인당하고 만다. 〈Heaven〉은 그를 저 높은 곳으로 끌어올렸다가 일거에 추락시켰다. 그것도 가장 높은 곳에서.

가수를 접고 다른 일에 종사하게 된 후에도, 〈Heaven〉은 그의 인생에 트라우마처럼 남아 있었다. 언젠가는 극복하고 넘어서야만 할 최종보스 말이다. 회피하기보다는 적극적으로 대면함으로써 이겨내야 할 대상. 긴 침묵을 깬 김현성은 드디어 본인을 옥좼던 트라우마로부터 벗어나고자 했다. 용기를 내어 목에 걸린 가시를 뽑아낸 그 순간, 그는 실패한 가수가 아니었다.

〈Heaven〉을 들으며 노래가 주는 힘에 대해 생각한다. 기본적으로 노래는 가수의 삶과 분리될 수 없다. 가수의 사연은, 그가 쌓아 올린 역사는 노래의 힘을 강화한다. 치명적인 뇌동맥류로 사망 직전까지 갔지만 2022년 포크 페스티벌에서 〈Both Sides Now〉를 선보이며 건재를 과시한 조니 미첼, 치매를 앓았지만 2021년 뉴욕 라디오 시티 뮤직홀에서 〈I Left My Heart in San Francisco〉를 열창하고 기품 있게 세상을 떠난 토니 베넷. 전성기가 진작 끝난 저들의 목소리를 듣다 보면 확실히 힘이 달리는 게 보이고 전반적으로 말끔한 스튜디오 버전에 댈 게 아니다. 그러나 언급한 두 라이브 버전에는 스튜디오 버전이 갖지 못한 아우라가 자리한다. 가수의 마음에서 청자의 마음으로 직접 전달되는 무언가가 있다.

김현성이 오디션 프로그램에서 부른 〈Heaven〉 또한 무척이나 감동적이었다. 3옥타브를 넘나드는 고음은 없었고, 약해진 목소리는 부르르 떨렸다. 의연해 보였어도 긴장감은 숨기지 못했다. 그럼에도 그 어떤 〈Heaven〉보다 절실했고 숭고했다. 록 발라드의 매력은 시원시원한 가창이라고들 하지만, 이 노래만큼은 예외였다. 그날 우리가 지켜본 〈Heaven〉은 CD의 불완전한 구현물이 아니었다. 유일무이한 〈Heaven〉이었다.

부지런히 자신을 아끼며 돌보아 온 사람에게 '그런 유일무이한 순간'은 틀림없이 다가온다. 놀랍게도 그 희열을 느낄 수 있는 건 당사자뿐인데, 타인의 인정이나 승인이 필요 없는 것이기 때문이다. 내가 만족하게 되는 순간, 모든 퀘스트는 완료된다. 기실 우리를 괴롭히는 것들은 남에게 보이는 내 모습과 관련되어 있다. 시기, 질투, 부러움, 적개심. 그런 것들은 비교 대상인 타인이 없다면 생성되지 않는다.

그런데 놀랍게도 내가 신경 쓰는 타인은 내게 큰 관심이 없다. 그걸 깨우친 김현성은 그 무대에서 남이 아닌 자신만을 위한 노래를 불렀다. 그리고 차트 순위, 판매고, 인기라는 지표를 배제한 개인 김현성으로 빛날 수 있었다.

이렇게 적고 있는 나 역시 오랫동안 남을 의식하며 살았다. 자신에게 집중하는 것이 최선이라는 걸 그때도 알고 있었더라면. 그랬다면 나는 조금은 더 자유로운 삶을 살았을지도 모른다. 하지만 그렇게 하지 못했다. 어떻게든 잘 보이고 싶어 했고, 이목을 끌기 위해 발버둥 쳤으며, 좋지 않은 소문을 들으면 안절부절못했다. 미움이 생겼고 긴 자책이 이어졌다. 그런 감정들이 허무하고도 소모적이라는 걸 깨달은 건, 그로부터 시간이 한참 흐른 후였다. 삶의 수업료는 싸지 않았다.

　이제야 나는 족쇄로부터 어느 정도 풀려났고 주어진 하루에 충실하려고 노력한다. 그러다 보면 내일은 더 나아질 수도 있지 않을까? 그날 한 사람만을 위해 노래한 김현성의 얼굴 안에서 나는 긍정주의자의 행복을 목격했다. _이경준_

김현성
Heaven

발매일 2002. 01. 21
앨범명 Soulmate
수록곡
1. Heaven
2. 나의 손을 잡아줘
3. 마지막 이별
4. 너잖아
5. 파라다이스
6. 느낌
7. Loving You
8. 그대 떠난 후에 난(추억)
9. Come To Me
10. 너의 그리움이 나를 찾을 때
11. 그날처럼
12. Hunter
13. Heaven(Inst.)

노래 듣기

록 발라드가 도달한
아름다움의 극치

록 발라드의 장인인 밴드 부활의 곡 중에서 단 한 곡만 고르는 일은 잔인하다. 〈희야〉의 첫 소절은 조용필이 부른 〈비련〉의 첫 소절 만큼 강렬한 사랑 노래 아닌가. 목 놓아 반복해 "사랑해"를 외치는 〈비와 당신의 이야기〉의 후렴구보다 원초적인 사랑 고백이 또 있을까. 얼마나 방황하고 지쳐야만 〈회상3〉 같은 울음을 꾹꾹 눌러 참는 사랑 노래를 만들 수 있는 걸까. 세상 모든 걸 다 내려놓은 듯한 목소리로 사랑의 허무를 노래하는 〈사랑할수록〉은 들을 때마다 가슴이 내려앉지 않던가. 〈소나기〉는 동명의 단편소설만큼 아련하고 아름다운 연애소설 아니던가.

그런데도 부활의 모든 노래 중에서 단 한 곡만 골라야 한다면, 내 선택은 2002년에 나온 8집 《새, 벽》의 수록곡 〈Never Ending Story〉일 수밖에 없다. 물이 높은 곳에서 낮은 곳으로 흐르듯 처음부터 끝까지 그렇게 오선지에 기록돼 있어야만 할 것 같은 유려한 멜로디, 그리움과 재회의 기대감을 동화 속 삽화처럼 파스텔 톤으로 그려낸

그림 같은 가사, 수렴과 발산을 자유롭게 넘나드는 완급 조절로 완벽하게 노래를 지배하는 보컬. 부활은 이 노래를 통해 한국 록 발라드, 한발 더 나아가 대중음악이 도달할 수 있는 아름다움의 극치를 보여주며 세월에 지워지지 않을 한 편의 서정시를 완성했다.

오랜 세월 동안 대중의 사랑을 받으며 전국 수많은 노래방에서 불리는 록 발라드는 많다. 다만 아름다움의 수준만 따지고 보면 대한민국 대중음악계에서 〈Never Ending Story〉를 넘어선 록 발라드는 그 이전에도 그 이후에도 없었다. 심지어 부활조차도 이후 이 노래와 근접한 수준에 다시 도달하지 못했다. 부활은 여전히 활발하게 활동 중인 현역이지만, 음악적으로는 이 노래가 부활의 '스완송'이다. 《새, 벽》은 2집 《Remember》와 3집 《기억상실》처럼 명반 취급을 받진 못하지만, 이 노래를 담았다는 이유 하나만으로도 제 역할을 충분히 했다고 본다.

〈Never Ending Story〉가 인기를 끌었던 2002년은 내게 흥분으로 가득했던 한 해였다. 평생 고향 대전에서만 살았던 나는 3수 끝에 대학에 입학해 서울로 올라왔다. 몸 하나 겨우 누일 수 있는 고시원에서 자취를 시작했지만, 눈에 들어오는 서울의 풍경은 모든 게 남달라 보였고 하루하루가 즐거웠다. 정신없이 봄이 흘러가고 여름이 오니 한일 월드컵이 열렸다. 매 경기가 치러질 때마다 거리 응원에 나섰다. 광화문에서 대한민국 축구 대표팀이 폴란드를 상대로 두 골을 넣고 거둔 첫 승을 대형 스크린으로 지켜보며 환호했던 순간이 지금도 생생하다. 문제는 월드컵이 끝난 뒤에도 최면이라도 걸린 듯 계속 흥분이 이어졌다는 점이다.

가을바람을 타고 거리 곳곳에서 들려오던 〈Never Ending Story〉는 흥분을 가라앉혀준 신경안정제였다. 마음이 들뜨고 갈피를 잡지 못할 때면 64MB(GB가 아니다!) MP3 플레이어를 꺼내 〈Never Ending Story〉를 듣곤 했다. 디즈니 애니메이션 「백설공주와 일곱 난쟁이」에서 공주가 부르는 〈Someday My Prince Will Come〉의 멜로디를 차용했다는 도입부의 피아노 연주를 들으면, 그 순간만큼은 마치 다른 세상에 발을 들이는 듯한 기분이 들었다. 오케스트라에 밴드 연주가 드리워지고 그 위에 절정의 역량에 다다른 이승철의 보컬이 더해지면 "대단하다!"라는 감탄사가 절로 터져 나왔다. 그해 가을 내내 〈Never Ending Story〉는 내 일상에 배경 음악으로 함께하며 입대 전까지 좋은 친구가 되어줬다.

한편으로 〈Never Ending Story〉는 내게 음악적으로도 흥미로운 노래였다. 기타로 이 노래의 코드를 따다가 기가 막혀 헛웃음을 터트린 적이 몇 번 있다. 재즈도 아닌데 노래 첫 마디부터 코드가 네 번이나 바뀌는 기상천외한 경험을 했기 때문이다. 더 기가 막힌 건 이승철의 보컬이다. 들을 땐 부를 수 있을 것 같은데, 막상 부르면 음역대를 소화하기는커녕 가사를 제대로 발음하기조차 어렵다. 들을 땐 단순하게 느껴지지만, 뜯어보면 복잡한 곡이다. 미국의 화가 밥 로스가 캔버스에 대충 몇 번 붓질해서 기가 막힌 그림을 그려놓고 "참 쉽죠?"라고 말하는 모습을 보면 기가 막히지 않던가. 〈Never Ending Story〉를 카피하면 딱 그런 기분이 든다.

지난 2015년 여름, 부활 결성 30주년을 맞아 김태원과 인터뷰로 만날 기회가 있었다. 부활은 오랜 세월 활동해 온 만큼 많은 부침을

겨은 밴드다. 김태원의 개인 문제로 활동을 멈추기도 했고, 다소 난해한 음악을 선보이는 바람에 실패하기도 했다. 7집《Color》처럼 잘 만들었는데도 처절히 시장에서 실패한 앨범도 있었다. 나는 부활이 〈Never Ending Story〉로 다시 전성기를 맞기 전까지 암울했던 시절을 어떻게 버텼는지 궁금했다. 내 질문에 김태원은 "마치 동력 없는 뗏목 위에서 구조를 기다리는 심정이었다."라며 "물 흐르는 대로 기다리다 보니 어느새 구조돼 있더라."라고 답했다. 〈Never Ending Story〉의 성공 비결은 'Never Ending Music'이었던 셈이다. 단순하지만 울림이 큰 대답이었다. _정진영

부활
새벽 [baerd, wəd]

부활
Never Ending Story

발매일 2002. 09. 01
앨범명 새, 벽
수록곡
1. 새벽
2. 섬
3. 눈먼 아이가 본 풍경
4. 회상 II
5. 네번째 회상
6. Never Ending Story
7. R.E.M
8. 시계의 반대 방향
9. 비와 당신의 이야기
10. 천국에서 II
11. Never Ending Story(Inst.)(Hidden Track)

노래 듣기

낭만은
승리한다

록 스타는 위기를 겪는다.

사례 1.

아방가르드 록 뮤지션 프랭크 자파는 1971년 12월 10일, 자신의 밴드와 런던 레인보 시어터에서 비틀스의 커버곡을 연주하던 중 괴한의 습격을 받았다. 번개처럼 튀어나와 무대 위에서 자파를 저 아래로 밀어 버린 범인은 24세의 청년 트레버 하월. 손 쓸 틈도 없이 봉변을 당한 자파는 하필이면 딱딱한 오케스트라 핏에 처박혔다. 멤버들은 리더가 죽었다고 예상했다. 자파는 겨우 목숨은 부지했다. 하지만 두개골엔 구멍이 뚫렸고 갈비뼈는 부러졌으며, 다리는 골절되었다. 산 송장이 된 그는 한동안 휠체어 신세를 져야 했다.

사례 2.

브릿팝 슈퍼스타 노엘 갤러거는 2008년 토론토에서 열린 한 뮤직 페스티벌에서 그와 유사한 사고에 휘말렸다. 무대로 난입한 팬은 난데없이 그를 커다란 스피커

세트 쪽으로 세게 밀쳤다. 큰 충격을 받은 노엘의 갈비뼈 세 개가 으스러졌다. 엄청난 통증을 경험한 노엘은 "마치 버스에 치이는 것 같았다."라고 밝혔다. 피의자 남성은 체포되어 감옥으로 갔다.

둘 모두 '무개념 팬' 때문에 불의의 사고를 당했고 그로부터 구사일생한 경우다. 그와 꼭 같지는 않지만, 국내 록 그룹 더 크로스의 보컬리스트 김혁건도 타인의 잘못으로 인해 생사의 갈림길에 선 바 있다. 2012년 3월 26일, 불법 유턴 차량 하나가 그가 몰던 오토바이를 덮쳤다. 당시 밴드 재결합을 준비하던 가수는 목뼈가 부러져 '사망 직전'까지 갔다. 어떻게 기적적으로 생명을 건지긴 했지만, 그는 목 아래를 움직일 수 없게 되었다. 전신마비였다. 배에 힘을 넣을 수가 없었기 때문에, 노래를 한다는 것 자체가 불가능했다. 가수로서의 사형 선고였다.

하지만 우리는 김혁건이 극심한 고통을 딛고 일어나, 2000년대 록 발라드의 대표곡을 부르는 모습을 직접 목격했다. 그것은 그 자체로 영화 대본이라 할 만했다. 김혁건은 매일 배를 압박해 복식 호흡을 연마했고, 복부 압력기에 적응했으며, 복식 호흡을 돕는 로봇을 이용해 소리를 냈다. 배를 꾹꾹 눌러가며 노래를 한 탓에 출혈이 생겼다. 뼈에도 금이 갈 정도였다.

다행히도 가수의 곁엔 사람들이 있었다. 아버지, 친구, 지인들이 저 희대의 보컬리스트가 좌절하지 않도록 도왔다. 그리고 2020년. 방송 제작진의 섭외마저 거절하면서 연습에 연습을 거듭한 김혁건은 동료 이시하와 손발을 맞춰 17년 만에 처음으로 〈Don't Cry〉를 완창했다. 아무래도 전성기적 파워와는 거리가 멀었고, 공연 장소가 예능 프로그램인 만큼 '연출적 요소'가 아예 없었다고는 볼 수 없었다. 그럼에도 가슴 한 구석이 벅차올랐다.

오히려 오디오가 빈 구간이 더 큰 감동을 주었다. 휠체어를 이시하가 밀고 나오는 장면, 마이크를 조정하며 숨을 고르는 장면, 노래를 이어가기 전 눈을 지그시 감는 장면 말이다. 그리고 그는 클라이맥스를 향해 거침없이 나아갔다. 무대 뒤편 스크린엔 젊고 건강했던 시절 더 크로스의 영상이 흘러갔다. 가수에겐 보이지 않았다. 관객과 시청자만 볼 수 있었다. 명백해졌다. 화려했던 건 과거였지만. 아름다운 건 현재였다.

록 스타는 패배하지 않는다. 김혁건이 그러했다. 중요한 건 이번에도 꺾이지 않는 마음이었다. 팬들은 그를 기다리고 있었다. 낭만이었다. 비슷한 느낌을 2015년 9월 본 조비 내한공연에서 받았다. 셋리스트에 준비된 모든 노래가 끝나고 앙코르 3곡까지 알차게 갈무리한 본 조비는 무대인사를 했다. 동행과 나는 공연장을 빠져나왔다. 꽤 만족스러웠던 공연이었다는 데 동의한 우리는 식사 메뉴를 생각하고 있었다. 그런데 어딘가에서 우렁찬 외침이 들렸다.

"Always! Always!"

밴드를 이대로 보낼 수 없었던 팬들이 목청 터지도록 히트곡 제목을 부르짖었다.

목 아프겠다. 이봐, 앙코르는 끝났다고. 그만둬.

나는 어쩌면 비웃고 있었는지도 모른다. 밴드는 제 할 일을 다 했으니, 보너스가 있을 리는 없었다. 자본주의란 차가운 법. 설령 한 곡

더 있다고 쳐도 존이 저 높은 노래를 부른다고? 꿈 깨셔.

그런데 가끔, 로맨티시즘이 현실 논리를 이기는 경우가 있다. 대체로 우리에게 그런 행운은 찾아오지 않지만 그날은 달랐다. 본 조비가 다시 나온 것이다.

두 번째 앙코르였다. 귀에 익은 인트로가 흐르자 거대한 환호성이 터졌다.

"(욕설) 얼마 만에 부르는 건지 참!"

〈Always〉였다. 그 어디에서도 연주하지 않던 곡이었다. 낮아진 음역대로는 난이도 헬인 곡이었기에 곳곳에서 삑사리가 났다. 그러나 그 누구도 문제 삼거나 불만을 토로하지 않았다. 너나 할 것 없이 떼창하며 우주 록 스타를 지원했다. 나도 그랬다. 장관이 펼쳐졌다. 그러니까 재차 중요한 건, 꺾이지 않는 마음이었다. 변함없이 아티스트를 지지해 준 팬들도, 보답하기 위해 기어이 불구덩이로 뛰어든 슈퍼스타도. 모두가 낭만이었다.

뜻이 있는 한, 낭만은 현실을 이긴다. _이경준

더 크로스(The Cross)

Don't Cry

발매일 2003. 08. 01
앨범명 Melody Quus
수록곡
1. Holy Cross(Intro)
2. 당신을 위하여
3. Blue Stocker
4. Red Rose
5. Don't Cry
6. Anarchy In Your Ass 'A'
7. Scars(그녀의 향수)
8. 이별의 간주곡
9. 크게 라디오를 켜고
10. Celebrate!
11. Misty
12. 난장이가 쏘아 올린 작은 공
13. Don't Cry(Original ver.)
14. 희망

노래 듣기

누나를 향한
대체할 수 없는 세레나데

세상에 노래가 생겨난 이래, 가장 많이 만들어지고 불린 노래가 사랑 노래임을 부정할 사람은 아무도 없다. 지금 이 순간에도 누군가는 어딘가에서 별의별 주제로 사랑 노래를 만들고, 누군가는 부르고 있을 테다. 그런데 희한하게도 노래의 주제로 거의 다뤄지지 않는 종류의 사랑이 있으니, 바로 연상녀를 향한 사랑이다. 윤민호가 1982년에 발표한 〈연상의 여인〉을 제외하면 그런 사랑을 다룬 유명한 노래는 없었다. 당시에는 연상인 남자와 연하인 여자의 연애와 결혼이 일반적이었기 때문일까. 이 노래는 흠모했던 연상녀와 끝내 이루지 못한 사랑을 다룬다는 점에서 시대상을 극복하지 못했다.

21세기 들어 세상 분위기가 바뀌었다. 돌이켜 생각해 보니 2002년에 MBC에서 방송된 드라마 「로망스」가 시작이었던 것 같다. 이 드라마는 고등학교 선생과 6살 어린 남학생과의 연애를 다뤄 대단한 화제를 모았다. 연상녀와 연하남 커플을 소재로 다룬 드라마는 이후 유행처럼 번졌다. 「별을 쏘다」, 「내 이름은 김삼순」, 「여우야 뭐하니」,

「아직도 결혼하고 싶은 여자」, 「마녀의 연애」, 「밀회」 등 방영 당시 높은 시청률을 기록하며 인기를 끈 드라마가 한둘이 아니다. 이젠 단순히 연상녀와 연하남 커플을 다루는 정도로는 모자라고 10살 이상은 차이가 나야 겨우 관심을 끌 지경에 이르렀다. 이렇게 변화한 사회 분위기 속에서 발표 당시는 물론 오랜 세월이 흐른 지금도 연상녀를 향한 최고의 고백송으로 사랑받는 록 발라드 명곡이 탄생했다. 이승기가 2004년에 내놓은 데뷔 앨범 《나방의 꿈》의 타이틀곡 〈내 여자라니까〉다.

연애해 본 사람이라면 대부분 공감할 테다. 자기감정을 숨기기보다 솔직하게 드러내 보여주는 태도가 둘 사이의 거리를 좁히는 데 훨씬 낫다는 것을 말이다. 솔직하게 자기감정을 보여주는 태도는 용기에서 나온다. 〈내 여자라니까〉의 가사는 발표 당시는 물론 지금 기준으로도 도발적이다. 그야말로 날것의 감정 그대로를 남김없이 쏟아내는 노래 아닌가. 이 노래 덕분에 연상녀를 마음에 둔 수많은 연하남이 사랑을 고백할 용기를 낼 수 있었다. 연하남의 마음을 내가 어떻게 아느냐고? 내가 바로 그런 연하남이었고, 지금은 다섯 살 연상 누님과 결혼해 살고 있으니까 당연히 잘 알지.

가사만 도발적이었다면 〈내 여자라니까〉가 지금과 같은 생명력을 얻진 못했을 거다. 이 노래는 일단 대중가요로서 멜로디가 훌륭하다. 훌륭하다고 평가하는 기준에 관해선 저마다 차이가 있겠지만, 내 기준은 한 번 들었을 때 얼마나 많은 멜로디가 기억에 남느냐이다. 이 노래는 처음 듣는 사람도 후렴구 멜로디 전부를 기억할 수 있을 정도로 쉬울 뿐만 아니라 훅(노래에서 귀에 걸리는 부분을 가리키는 표현)도 강력하다. 나는 한국어를 모르는 외국인이 이 노래를 처음 들어도 멜로디 대부분을 흥얼거릴 수 있을 거라고 확신한다.

이 노래의 가사를 쓰고 멜로디를 만든 주인공이 싸이(PSY)라는 사실을 기억할 필요가 있다. 의외로 지금까지도 이 사실을 잘 모르는 이들이 적지 않다. 싸이는 〈강남스타일〉로 얻어걸린 '럭키 가이'가 아니다. 싸이가 그동안 만든 수많은 히트곡을 떠올려 보라. 〈새〉, 〈낙원〉, 〈챔피언〉, 〈연예인〉, 〈나팔바지〉, 〈예술이야〉……. 평범한 가사를 가진 노래도 없었고, 멜로디가 별로인 노래도 없었다. 내세우는 콘셉트와 파격적인 퍼포먼스 때문에 많은 사람이 간과하는 점인데, 싸이는 비교 대상이 많지 않은 정상급 뮤지션이다. 세상 분위기가 어떻게 변하고 있는지 정확히 파악하고 그 수요에 맞춰 만든 노래가 〈내 여자라니까〉다. 얼마나 싸이가 영민한 뮤지션인지 이 노래 하나만으로도 파악할 수 있다.

좋은 가사와 멜로디만 나왔다고 끝일까. 마지막에 노래를 완성하는 존재는 보컬리스트다. 싸이가 〈내 여자라니까〉를 불렀다고 상상해 보라. 싸이에겐 미안한 말이지만, 분위기가 많이 달라져 이승기와는 다른 각도로 화제를 모았을 거다. 어디서 이렇게 기가 막힌 보컬리스트를 데려와 무대에 세운 걸까. 공부 잘하는 모범생에 고등학교 전교 회장을 역임했고, 학교 밴드부 출신이어서 노래도 잘하는데 키도 크고 잘 생겼다. 심지어 성격까지 좋다고 소문이 자자해서 억지로 까고 싶어도 깔 수가 없단다. 순정만화에서나 볼법한 캐릭터가 현신해 "누나는 내 여자"라며 "너라고 부를게"라는데 넘어가지 않을 도리가 없다.

〈내 여자라니까〉가 세상에 나온 후 강산이 두 번이나 변할 만큼 많은 세월이 흘렀다. 그런데도 연상녀를 향한 고백송으로 〈내 여자라니까〉를 넘어서는 노래가 아직도 나오지 않고 있다. 앞으로도 이 노래 이상의 고백송이 나올 수 있을지 의문이다. 이승기가 데뷔할 때 태어나지도 않았던 남자들도 이 노래를 고백송으로 열창하는 모습을 보면 말이다. 이젠 아버지와 아들이 함께 불러도 이상하지 않을 노래가 됐다. 〈내 여자라니까〉는 한국 록 발라드 명곡을 넘어 한국 대중음악계를 빛낸 명곡으로 롱런하고 있다. _정진영

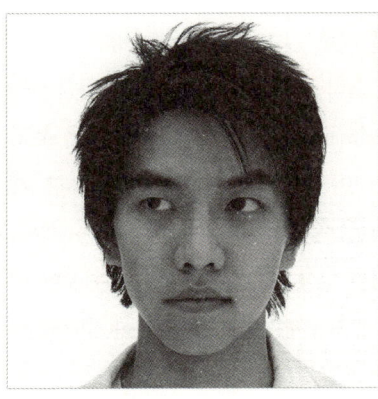

이승기

내 여자라니까

발매일 2004. 06. 25
앨범명 나방의 꿈
수록곡
1. 시작
2. 나방의 꿈
3. 아무도(feat 강진우 From 바운스)
4. 내 여자라니까
5. 아버지
6. 삭제
7. 여행 가는 길
8. 내 안의 그대
9. 음악시간
10. J에게
11. Anding
12. 앵콜

노래 듣기

세대와 시대의 경계를 지운
불멸의 노래

대학교 1학년 때 과방과 강의실보다 더 자주 들렀던 스쿨밴드 동아리방. 그곳은 군대 가기 전, 아직 사회의 매운맛도 모르면서 그저 성인이랍시고 허락된 음주가무를 즐기기에만 급급했던 20대 풋내기 시절 나에게 가장 큰 성취감을 준 곳이다. 동아리에서 나는 선배에게 드럼을 배웠는데, 특별나진 않았지만 박자를 맞출 정도의 재능은 있었는지 마찬가지로 드럼에 앉고 싶어 한 동기 두 명과 약간의 갈등을 뒤로 하고 우리 기수의 스틱을 쥘 수 있었다. 메탈리카(〈For Whom the Bell Tolls〉, 〈Enter Sandman〉, 〈Sad But True〉), 주다스 프리스트(〈Living After Midnight〉), 에어로스미스(〈Dream on〉), 데프 레퍼드(〈Photograph〉), 판테라(〈Walk〉), 슬로터(〈Real Love〉, 〈Days Gone by〉) 등을 카피하며 행복한 신입생 시절을 보내던 나는, 하필이면 메탈리카의 첫 내한공연에 맞춰 나온 나라의 부름을 받아 훈련소로 향했다. 지독한 6주간 훈련을 마치고 자대 배치를 받을 때 "2년 드러머 경력"이라는 조건에 쓸데없이 위축된 나머지 군악대 갈 기회를

놓친 나는, 제대 후 남은 학업과 취업 준비에 치여 드럼이라는 악기를 한동안 잊고 살았다.

버즈의 〈가시〉는 이후 서울에서 직장 생활을 하며 인근에 살던 동아리 동기와 재미삼아 합주실을 빌려 즐긴 걸 제외하고 처음 직밴이라는 조직에 몸담아 연주한 노래다. 재밌는 건 그 직밴의 보컬 역시 거의 20년 가까이 소식이 끊겼던 동아리의 같은 기수 D였다는 사실인데, 같은 동아리 한 기수 위 형과 술자리에서 의기투합한 결과로 결성한 밴드 이름은 결국 토마토 사업을 하는 D의 회사 이름을 따와 '토마주르'라고 지었다(베이스와 키보드엔 D의 친구와 그 친구의 아내 분이 영입됐다).

본 조비(〈Someday I'll Be Saturday Night〉), 파이어하우스(〈I Live My Life for You〉), 마룬파이브(〈Won't Go Home Without You〉), 레이디 가가(〈Always Remember Us This Way〉), 뮤즈(〈Time Is Running Out〉), 비욕일이(〈나만의 그대 모습〉) 등과 함께 토마주르가 카피한 〈가시〉는 기타로 들어가는 도입부에서 알 수 있듯 버즈의 기타리스트 윤우현이 쓴 곡에 임선아의 눈물 같은 시가 어울려 지금까지도 명발라드로 회자되는 곡이다. 〈가시〉는 2014년부터 2023년까지 '노래방에서 가장 많이 불린 노래'를 살펴본 한 조사에서도 4위에 오른 이지의 〈응급실〉에 이어 10위를 차지하며 인기 록 발라드로서 그 불멸성을 인정받았다. 한마디로 〈가시〉는 2020년대에도 꾸준히 예능 프로그램에 호출되며 세대를 넘어 사랑을 받고 있는 민경훈을 닮은 시대 불문의 파워 발라드인 셈이다.

3옥타브를 거뜬히 넘겨 부르던 D는 〈가시〉를 비교적 부르기 쉬운 노래라고 했다. 그건 고음에 약한 나 같은 사람은 이해할 수 없는 말이었으니, 민경훈은 분명 이 노래에서 헤어져서도 떠난 사람을 잊지 못하는 주인공의 수만 가지 감정을 2옥타브를 훌쩍 넘긴 키로 절절히 토해내고 있기 때문이다. 굵고 깊은 목 떨림이 매력인 민경훈의 그런 창법은 〈가시〉의 인기를 견인한 결정적인 요소이기도 했다. 오랜 기간 많은 사람들(특히 남자들)의 사랑을 받아온 노래는 보통 가사 내용의 보편성과 가수의 비범한 표현력을 겸비하기 마련인데, 민경훈의 노래는 바로 그 지점에서 독보적인 바이브를 뿜어낸다. 이별을 겪은 남자가 서러워 울기 직전의 감정을 그는 목청으로 정확히 포착해 쏟아낼 줄 아는 것이다. 실제 젊은 날, 사랑을 잃고 이 노래를 들으며 눈물 흘린 사람이 한 둘이 아니라는 증언이 곳곳에서 나오는 이유는 민경훈의 노래에 담긴 그 현실적이면서 극적인 감성 때문이라 봐도 무방하다.

보컬도 보컬이지만 드럼을 연주한 입장에서 나는 드러머 김예준의 연주에도 높은 점수를 주고 싶다. 마치 연인과 헤어지고 흐른 세월 마냥 똑딱이는 '림샷' 플레이로 윤우현의 짧은 기타 솔로와 민경훈의 체념 섞인 독백을 다독이던 그의 드럼은, 거칠게 우는 후렴구와 애절한 브리지를 거치는 사이 최소한의 연주로 최적의 맛을 뽑아내는 연주를 펼친다. 직접 연주하며 내가 몇 번이고 〈가시〉에 담긴 서글픈 그리움에 실컷 잠길 수 있었던 건 다 그런 김예준의 드러밍에 이식된 섬세한 리듬 설계 덕분이었다. 다른 멤버들은 몰랐겠지만, 그래서 나는 합주 때마다 이 곡에서 가장 즐거웠고 또 슬펐다. 드럼 연주가 주는 유희적인 만족과 멜로디에서 배어나는 슬픔의 여운 아

래 나는 노래 속 화자가 겪은 추억이라는 꽃밭, 이별이라는 늪을 남 몰래 오간 것이다. _김성대

버즈(Buzz)

가시

발매일 2005. 03. 03
앨범명 Buzz Effect
수록곡
1. 겁쟁이
2. 벌
3. 1ST
4. 거짓말
5. 나에게로 떠나는 여행
6. Funny Rock
7. 내가 아니죠…
8. 가시
9. 비망록(스물의 노래)
10. Tomorrow
11 일기

노래 듣기

사랑은
닌텐도 게임이 아니야

한 커플이 말다툼을 했다. 자존심을 앞세워 헤어지자는 말을 꺼낸 남자. 아마 여자가 울며불며 매달릴 줄 알았을 것이다. 하지만 예상과는 달리 진심으로 받아들인 여자. 그녀는 다시는 돌아오지 않았다. 그제야 아차 싶지만 엎질러진 물을 주워 담을 수는 없다. 사랑의 냉각 속도는 가열 속도보다 빠르다. 여자는 그에게서 등을 돌렸고 남자는 뒤늦게 후회한다. 남자는 지금 그 어떤 것도 눈에 들어오지 않는다. 순간순간이 너무나 고통스럽기 때문이다.

　자존심 때문에 초래된 이별을 '응급실'에 빗댄 곡이다. 사전을 보면 '자존심'이란 남에게 굽히지 아니하고 자신의 품위를 스스로 지키는 마음이라고 정의되어 있다. 그렇지만 연애의 다이내믹에 품위 따위란 없다. 품위를 지키기 위해서는 평정심을 유지하며 이성적이어야 하는데, 사랑에 빠진 남녀가 어디 그럴 수 있는가? 감정과 감정이 부딪히면서 마음은 쉬이 상하게 마련이고, 적절한 위로와 사과의 말을 찾지 못한 우리는 늘 헛발질을 해 왔다. 복구의 기회는 많이 부

여되지 않는데, 사랑은 닌텐도 게임이 아니기 때문이다. 몇 번의 실수는 그대로 파국으로 이어지게 된다. 그렇다면 자존심을 버리면 되지 않을까, 싶지만 그게 말처럼 쉽지 않은 게 연애다.

사과 한 마디면 충분했을 텐데 얄궂한 자존심 탓에 부서져 버린 연애가 있었다. 상대에게 먼저 전화하는 건 패배라 여긴 나는 연락이 올 때까지 기다렸다. 그러나 한동안 전화벨은 울리지 않았다. 며칠 뒤 이별 통보가 왔다. 물론 제때 사과를 했다고 해서 그 연애가 잘 풀렸다는 보장은 없다. 그래도 최소한 찝찝한 뒷맛은 남지 않았으리라.

연애를 포함한 일상의 문맥에서 자존심은 품위나 품격과는 거리가 있다. 어떻게든 다른 배우보다 많은 분량을 가져가고 싶은 연예인들의 시상식장에서, 혹은 자신의 이름이 플래카드 맨 앞에 적혀야 직성이 풀리는 공무원 사회에서 우리는 '자존심'의 이기적 발현을 목격하게 된다. 이건 자신이 상대보다 우위—심리적이든 실질적이든—에 있음을 드러내는 것인데, 그때 우리는 타자에게도 인격과 감정이 있다는 사실을 망각하곤 한다. 조금만 더 사려 깊었다면, 한 번만 더 생각하고 행동했다면 어땠을까? 그러면 적어도 '응급 상황'만큼은 막을 수 있었을지 모른다.

흔히 솔로 가수 이지의 곡으로 오해받지만, 이지는 오진성(보컬), 이동원(기타), 신승익(베이스), 김준한(드럼)으로 이뤄진 4인조 록 밴드이다. 이들이 2005년 내놓은 록 발라드 〈응급실〉이 절정의 인기를 얻게 된 계기는 드라마 「쾌걸 춘향」 OST에 삽입되면서부터다. 팝페라 싱어 임형주가 부른 〈행복하길 바래〉, 알앤비 듀오 애즈원의 〈미안해야 하는거니〉 같은 곡도 좋은 반응을 얻어냈지만, 단연 이 사운 드트랙의 정점은 〈응급실〉이었다.

멋지게 성대를 긁으며 흘러나오는 고음 창법, 완벽한 기승전결의 드라마틱한 구성, 모두가 공감할 수 있는 노랫말. 이 전부가 톱니바퀴처럼 맞물려 곡을 견인했다. 생명력도 남달랐다. 20년이 지난 현재까지도 이 곡은 노래방 차트 최상단에 위치해 있고, 2015년 복고 붐을 타고 방영된 예능 프로그램 「투유 프로젝트 – 슈가맨」에서도 세대를 포괄하는 엄청난 인지도를 자랑했다. 모든 히트곡이 나이대별로 균등한 지지를 얻지는 못한다는 점을 감안했을 때, 이는 괄목할 만한 일이었다.

하지만 사람들이 〈응급실〉 열병을 앓고 있던 그때, 이지는 더 이상의 임팩트를 남기지 못하고 조용히 가요계에서 사라졌다. 소속사와의 마찰이 있었고, 그로 인해 국내 활동이 가로막힌 게 주된 원인이었다. 이후로도 악재가 끊이지 않았다. 오진성은 성대에 물혹이 생겨 수술을 두 차례나 받았고, 코로나로 인해 생계에 큰 타격을 입기도 했다. 그럼에도 〈응급실〉만큼은 꾸준하게 살아남아 아티스트의 자존심을 달래주었다.

록 발라드는 후렴도 중요하지만 실은 도입부가 승패를 결정짓는다. 〈가질 수 없는 너〉, 〈발걸음〉, 〈Never Ending Story〉의 공통점이다. 시작 5초로 승부가 끝난다. 당연히 〈응급실〉도 둘째가라면 서러울 만큼 미려한 도입부를 가지고 있다. 분위기를 차분히 가라앉히는 건반 연주는 리스너를 집중하게 만든다. 보컬이 나오는 그 지점까지 군더더기라곤 없다. 그리고 나면 아주 익숙한 멜로디가 귀를 휘어잡는

데, 나도 모르게 흥얼거리게 되는 마성의 선율이다.

마지막으로 제목 '응급실'에 대해 살펴보자. 역사에 가정이란 건 무의미하지만 후렴구를 따라 '이 바보야'로 제목이 붙었다면 노래가 가진 아우라는 상당 부분 휘발되어 버렸을 것이다. 빼어난 제목들은 종종 특별한 이유 없이 지어지곤 하는데, 이 곡 역시 그러했다. 예술의 놀라운 점은 그런 순간의 직관이 긴 사유를 이기는 경우가 잦다는 것이다. _이경준

이지(izi)

응급실

발매일 2005. 04. 19
앨범명 Modern Life... And... With Izi...
수록곡
1. 먼 곳에서
2. 어두워
3. There She Goes
4. 응급실(Original ver.)
5. 사랑하고 싶어서
6. Morning
7. 남자(Man)
8. 그 속에서
9. Wanna Be You
10. 이미 그댄
11. Run To You
12. 응급실
13. 밤하늘 그리고 별

노래 듣기

상실과 희망의
연결 고리

걸그룹 소녀시대가 데뷔하기 1년 전이었던 2006년. 세계 대중음악계는 힙합과 아이돌, 인디 팝의 기세에 눌린 록 음악이 조금씩 설 자리를 잃어가던 시기였다. 이제 사람들은 건스 앤 로지스보단 제임스 블런트를 찾았고, 피아의 뉴 메탈 그루브 대신 에픽 하이의 랩 서사에 더 지갑을 열었다. 블록 파티, 예 예 예스, 프란츠 퍼디난드, 하이브스, 악틱 몽키스, 킬러스 같은 물 건너 포스트펑크/개러지록 리바이벌 밴드들이 록의 자존심을 위해 마지막 몸부림을 쳐보았지만, 이미 시대의 변화에 직면한 낡은 장르를 부활시키기에는 힘에 부쳐보였다. 훗날 나라 차원의 관심을 얻게 되는 케이팝의 씨앗이 발아하기 시작한 2000년대 중반, 록의 입지는 국내외 할 것 없이 눈에 띄게 위축돼 있었다.

'팔팔(88)년 가수왕' 최곤이라는 퇴물 로커가 친형 같은 매니저와 지역 라디오 방송국에서 좌충우돌 끝에 제2의 인생을 연다는 줄거리를 가진 영화 「라디오 스타」는 그런 때 개봉됐다. 이 영화는 이준

익 감독이 「왕의 남자」라는 사극을 통해 흥행의 왕이 된 뒤 찍은 현대극으로, 「라디오 스타」를 찍었을 때 감독의 나이는 지금의 내 나이(40대 중후반)와 비슷했다. 인생의 '단짠'을 죄다 맛봤을 이 나이 대는 좌천된 라디오 PD와 한물간 왕년의 스타 사이 로맨스를 다룰 예정이었던 영화가 관계와 세대, 치유의 이야기로 옮겨간 배경이기도 하다. 여기서 관계란 가수와 매니저 사이, 세대는 음악가(예컨대 신중현과 최곤, 이스트리버)들 사이, 치유는 비주류와 아웃사이더 사이에서 작동한다. 이준익은 그 사이와 사이가 가진 긴장, 여운에 카메라를 가져갔고 그(것)들이 마주한 갈등, 행복을 넌지시 어루만져 주었다.

영화 시작부터 흘러나오는 〈비와 당신〉은 그런 「라디오 스타」의 주제곡이다. 다른 주요 삽입곡들, 가령 극의 진행 및 정서를 위한 변주에 가까웠던 신중현의 〈미인〉과 노브레인의 〈넌 내게 반했어〉는 영화의 흥을 돋우거나 캐릭터들의 우정과 희망을 환기시키며 각자 몫을 다했다. 특히 한국 록 역사에 길이 남을 《청년폭도맹진가》의 노브레인은 쉽고 즐거운 팝 펑크 곡 〈넌 내게 반했어〉를 타고 대중문화의 한복판으로 뛰어들며 팀의 전성기까지 열어젖혔다. 반면 〈비와 당신〉은 저 곡들과 달리 지쳐있다. 악기도 가수도 곡조도 모두 그렇다. 늘어져 잠시 쉬고 싶은 분위기를 이 곡은 은명처럼 자아낸다. 아늑함이 깃든 영화로 자신과 같은 7080 세대의 고단함을 풀어주는 데 감독의 부분적 의도가 있는 것과 같이, 〈비와 당신〉은 그 의도를 정서로서 떠받치는 영화의 중심에 선다.

〈비와 당신〉은 이제는 고인이 된, 「라디오 스타」의 음악감독이기도 했던 방준석이 썼다. 들어본 사람들은 알듯 방준석의 원곡은 부서지는 드럼 리듬 등 다소 넘치는 편곡에 실려 흐르다 마지막엔 가성으로 사무친다. 그런 오리지널도 나쁘진 않지만, 〈비와 당신〉은 사실 최곤(박중훈)이 불러야 '진짜'다. 이건 〈I Will Always Love You〉를 돌리 파튼의 원곡 대신 휘트니 휴스턴 버전으로 들어야 '찐'이라는 얘기와 같다. 블루스 기타 연주와 그 옛날 산울림에 가까운 찌그러진 기타 톤이 최곤의 과장된 슬픔, 흐느적거리는 발음, 작위적 탁성 창법과 어울릴 때 〈비와 당신〉의 매력은 필연적으로 반등하는 것이다(이후에도 비오는 날이면 박중훈의 통장엔 '가창자' 몫으로 저작료가 꽂혔다고 한다).

영화에서 최곤은 라디오 방송 중 핑크 플로이드, 도어스 같은 레전드 록 밴드들을 얘기하면서 '요즘 음악이 음악이냐'라는 식으로 꼰대스런 의견을 낸다. 록 시대의 황혼은 곧 자기 같은 로커들의 멸종 징후이므로, 당사자로서 당면한 위기감에 했던 말이리라. 어쩌면 「라디오 스타」는 저무는 록 시대와 임박한 아이돌, 힙합 시대를 예감한 작품이었을까. 영상의 시대를 예고한 버글스의 그 유명한 노래 제목이 영화의 제목이 되고 떠난 사랑을 그리워하는 노래가 영화의 주제곡이란 사실에서, 하여 우리는 똑같은 상실의 아픔을 본다. 듣는 것에서 보는 것으로, 곁에 있었지만 이제는 멀어진 추억으로.

「라디오 스타」는 세상에 변치 않는 건 없다는 뼈아픈 진리를 2006년 대중 앞에 넉살좋게 풀어 놓았다. 대중음악 장르만 놓고 보자면 록이 시장에서 밀려났듯 언젠가는 힙합과 케이팝, 트로트도 그것들만 찾아 듣는 마니아들의 관심을 먹고 연명할 날이 올 수도 있다는 걸 영화는 은밀히 누설한다. 물론 밀려났던 록이 그 틈을 비집고 들어가 부활하지 말란 법도 없다. 나에게 〈비와 당신〉은 그래서 상실과 희망의 연결고리 같은 노래로 들렸다. 그건 마치 옛 사랑이 떠난 자리에 새로운 사랑이 들어서는 느낌과도 같다. _김성대

박중훈

비와 당신

발매일 2006. 10. 20
앨범명 영화 「라디오 스타」 OST
수록곡
1. 비와 당신(박중훈 Ver.)
2. 속앓이
3. 영월가는 길
4. 배려
5. 오래된 방송국
6. 청소
7. 비와 당신(ㄴ브레인 Ver.)
8. 전단지
9. 영월의 밤
10. 시그널
.
.
.
30. 넌 내게 반했어(Original Ver.)

노래 듣기

웃기지만 우습지 않은 형의
진솔한 위로

헤아려보니 10년도 더 지난 일이다. 그때 나는 KBS 2TV 음악 프로그램 「유희열의 스케치북」 재방송을 보고 있었다. 음악을 좋아하는 사람에게 이 프로그램은 오아시스 같은 존재였다. 당대 어떤 음악 프로그램도 이보다 소개하는 뮤지션의 스펙트럼이 다채롭진 않았다. 게다가 출연자 모두가 라이브로 무대를 소화하는 음악 프로그램은 「유희열의 스케치북」이 유일했다. 그날 내가 본 재방송에 그룹 노라조가 나왔다. 노라조가 어떤 그룹인가. 삼각김밥 헤어스타일이라는 기상천외한 비주얼과 어울리지 않는 기가 막힌 보컬로 기도 안 차는 황당한 노래를 기똥차게 불러대는 가요계의 이단아. 이보다 'B급'이라는 수식어가 잘 어울리는 가수는 싸이를 제외하면 지금까지도 드물 정도로 존재감 하나는 확실했다. 나는 노라조가 어떻게 웃겨줄지 기대하며 채널을 고정했다.

전주가 흐른다. 노래 제목은 〈형〉. 잔잔한 건반 연주로 시작해 밴드 연주가 더해지는 평범한 인트로. 평범했다. 노라조가 그렇게 평범

한 노래를 부를 리가 없다. 아니나 다를까, 잠시 후 멤버 조빈의 입에서 나지막하게 "짜샤"라는 단어가 튀어나온다. 그럼 그렇지. 객석에서 무대를 바라보던 관객의 입에서도, TV로 재방송을 시청하는 내 입에서도 슬쩍 웃음이 새어 나온다. 그런데 이상하다. 뻔한 기승전결 멜로디에 실린 뻔한 가사인데 뻔하지 않다. 이 노래는 거듭된 실패 때문에 좌절한 동생에게 친한 형이 술을 사며 인생 선배로서 전하는 진솔한 위로였다. 1절이 끝나고 간주가 이어지자 관객들이 환호성을 쏟아냈다. 2절이 시작됐다. 조빈의 입에서 다시 "짜샤"가 튀어나왔다. 관객 누구도 웃지 않았다. 나 또한 마찬가지였다. TV 화면을 뚫고 나오는 두 형의 진심이 느껴졌기 때문이다.

〈형〉은 노라조가 지난 2010년에 발표한 4집 《환골탈태》의 수록곡이다. 4집 발매에 앞서 노라조는 디지털 싱글 《야심작》을 통해 〈형〉을 선공개했지만, 당시 반응은 그저 그랬다. 게다가 4집의 타이틀곡은 어처구니없는 뮤직비디오와 엽기적인 퍼포먼스로 유명세를 탔던 〈카레〉다. 여기에 자기비하와 자기긍정이 교차하며 '병맛'을 자아내는 〈Rock Star〉와 히트곡 〈슈퍼맨〉을 당당히 자가표절한 〈고등어〉가 앨범에 함께 실려 있다. 어떻게 〈형〉처럼 노라조의 이미지와 어울리지 않는 진중한 록 발라드가 주목받을 수 있었겠는가.

아무리 맛있는 음식을 보이지 않는 곳에 감춰 놓아도, 그 냄새까지 감추긴 어렵다. 귀 밝은 이들은 이 노래를 그냥 지나치지 않았다. 특히 취업난, 실업, 불안한 고용에 지친 청년들이 "넌 멋진 놈이야." 라고 응원해주는 이 노래에 귀를 기울였다. 알음알음 입소문을 타고 역주행한 이 노래는 앨범의 수명이 다한 뒤에 더 큰 생명력을 얻으며 청년 세대를 위로하는 명곡으로 자리매김했다.

　이제 이 노래는 신병교육대와 정훈교육을 비롯해 자살예방교육에
도 널리 쓰이며 세대를 초월하는 클래식으로 가치를 더해가고 있다.
유튜브에 있는 노라조의 〈형〉 라이브 영상의 조회 수는 1,000만 건
을 넘은 지 오래다. 어지간한 인기 케이팝 아이돌 뮤직비디오보다도
조회 수가 훨씬 많다. 무엇보다도 눈에 띄는 부분은 지금 이 시각에
도 영상 아래에 실시간으로 달리고 있는 댓글이다.

　매일 밤 눈물 흘리면서 힘내고자 듣고 있어요. 수험 생활하며 수백
번 들으며 힘냈던 기억이 납니다. 이 노래를 듣고 가족 생각하면서 열심
히 버티고 있습니다. 죽으려고 했던 저를 살려준 노래입니다⋯⋯.

　누군가가 말하기를 잘 부른 노래 영상에는 평가 댓글이 달리고,
명곡 영상에는 사연 댓글이 달린다고 했다. 노라조의 〈형〉 라이브
영상에 달린 인기 댓글 대부분은 노래 덕분에 살아갈 힘을 얻었다
고 고백하는 절절한 사연이다. 명곡의 힘이다.

　지난 2015년 초, 당시 음악 기자로 활동했던 나는 싱글 〈니팔자야〉
를 발표한 노라조를 인터뷰로 만났다. 〈형〉으로 새로운 모습을 보여
준 데 이어, 다섯 번째 정규 앨범 《전국제패》로 진지하게 록을 들려
줬던 노라조는 내게 더는 우스운 형들이 아니었다. 나는 마침 데뷔
10주년을 맞았던 노라조 멤버들을 정말 로커를 대하는 태도로 바
라보고 질문했다. 본 인터뷰에 앞서 노라조 멤버들과 나는 30분 이
상 헤비메탈을 주제로 이야기하는 데 열을 올렸던 기억이 지금도 생

생하다. 온갖 헤비메탈 명반과 계보를 꿰고 신나게 음악 이야기를 하던 그들은 뼛속까지 로커였다.

인터뷰 때 멤버들과 많은 이야기를 나눴지만, 그중에서도 한 싱글을 녹음할 때 믹싱과 마스터링을 몇 번이나 뒤집어 정규 앨범 수준의 제작비를 썼다고 자랑했던 순간이 유독 기억에 남는다. 진지하게 좋은 음악을 들려주고 싶은 뮤지션이 아니면 할 수 없는 자랑이었기 때문이다. 이 웃기지만 우습지 않은 형들은 데뷔 20주년을 바라보는 지금도 꾸준히, 그리고 활발하게 활동하며 롱런하는 중이다. 〈형〉으로 위로받았던 많은 사람을 대표해 노라조 멤버들에게 노래 가사를 빌려 이 말을 되돌려주고 싶다. "형은 멋진 형이야."

p.s. 이렇게 멋있게 끝을 내면 노라조가 아니다. 〈형〉과 멜로디와 편곡이 같고 가사만 다른 〈변비〉를 들어보라. 또 다른 감동(?)의 물결이 펼쳐질 테니 말이다. _정진영_

노라조
형

발매일 2009. 12. 01
앨범명 야심작
수록곡
1. 형(兄)
2. 변비(Byun Bi, 忭悲)
3. 형(兄)(Inst.)

노래 듣기

불현듯,
록 발라드

발행일 2025년 5월 20일

저자 김성대·이경준·정진영
발행인 최우진
편집 김은주
디자인 김세린

발행처 그래서음악(somusic)
출판등록 2020년 6월 11일 제 2020-000060호
주소 (본사) 경기도 성남시 분당구 정자일로 177
　　　(연구소) 서울시 서초구 방배4동 1426
이메일 somusicu@naver.com

ISBN 979-11-93978-76-4(03670)